BEI GRIN MACHT SICH IHR WISSEN BEZAHLT

- Wir veröffentlichen Ihre Hausarbeit, Bachelor- und Masterarbeit

- Ihr eigenes eBook und Buch - weltweit in allen wichtigen Shops

- Verdienen Sie an jedem Verkauf

Jetzt bei www.GRIN.com hochladen und kostenlos publizieren

Julian Stasik

Korea Calling. Politische und wirtschaftliche Auswirkungen des Koreakrieges auf das Westdeutschland der Nachkriegszeit

GRIN Verlag

Bibliografische Information der Deutschen Nationalbibliothek:

Die Deutsche Bibliothek verzeichnet diese Publikation in der Deutschen Nationalbibliografie; detaillierte bibliografische Daten sind im Internet über http://dnb.d-nb.de/ abrufbar.

Dieses Werk sowie alle darin enthaltenen einzelnen Beiträge und Abbildungen sind urheberrechtlich geschützt. Jede Verwertung, die nicht ausdrücklich vom Urheberrechtsschutz zugelassen ist, bedarf der vorherigen Zustimmung des Verlages. Das gilt insbesondere für Vervielfältigungen, Bearbeitungen, Übersetzungen, Mikroverfilmungen, Auswertungen durch Datenbanken und für die Einspeicherung und Verarbeitung in elektronische Systeme. Alle Rechte, auch die des auszugsweisen Nachdrucks, der fotomechanischen Wiedergabe (einschließlich Mikrokopie) sowie der Auswertung durch Datenbanken oder ähnliche Einrichtungen, vorbehalten.

Impressum:

Copyright © 2014 GRIN Verlag GmbH
Druck und Bindung: Books on Demand GmbH, Norderstedt Germany
ISBN: 978-3-656-84752-6

Dieses Buch bei GRIN:

http://www.grin.com/de/e-book/283302/korea-calling-politische-und-wirtschaftliche-auswirkungen-des-koreakrieges

GRIN - Your knowledge has value

Der GRIN Verlag publiziert seit 1998 wissenschaftliche Arbeiten von Studenten, Hochschullehrern und anderen Akademikern als eBook und gedrucktes Buch. Die Verlagswebsite www.grin.com ist die ideale Plattform zur Veröffentlichung von Hausarbeiten, Abschlussarbeiten, wissenschaftlichen Aufsätzen, Dissertationen und Fachbüchern.

Besuchen Sie uns im Internet:

http://www.grin.com/

http://www.facebook.com/grincom

http://www.twitter.com/grin_com

Universität Bielefeld
Fakultät für Geschichtswissenschaft, Philosophie und Theologie
BA Geschichtswissenschaften, Sozialwissenschaften

Korea Calling.
Politische und wirtschaftliche Auswirkungen des Koreakrieges auf das Westdeutschland der Nachkriegszeit

Datum der Abgabe: 31.03.2014
Anzahl der Wörter inkl. Fußnoten und Literatur: 16.185

verfasst von:
Julian Stasik

Inhaltsverzeichnis:

1. Einleitung — S.1

2. Lage Deutschlands in der Nachkriegszeit — S.2

3. Sicherheitspolitische Situation in Deutschland vor dem Koreakrieg — S.7

4. Der Koreakrieg — S.11
    4.1. Relevanz für Deutschland als nicht aktiven Teilnehmer — S.17

5. Auswirkungen und Folgen des Koreakrieges — S.19
    5.1. Auf die sicherheitspolitische Entwicklung, die Wiederbewaffnung und den Weg in die NATO — S.19
    5.2. Auf die wirtschaftliche Entwicklung Westdeutschlands — S.29
        5.2.1. War das *Wirtschaftswunder* ein Wunder? — S.35

6. Fazit — S.38

7. Quellen- und Literaturverzeichnis — S.41

1. Einleitung:

Der Koreakrieg war für die westliche Welt die erste kriegerische Auseinandersetzung seit dem verheerenden Zweiten Weltkrieg, was ihn zu einem einschneidenden Erlebnis für alle Nationen machte. Dieses Ereignis veränderte das deutsche, europäische und globale Denken völlig, versetzte die Welt in eine Art Schockstarre und zog dementsprechend einschneidende politische, militärische und wirtschaftliche Folgen nach sich.

Der Krieg, welcher im Juni 1950 durch eine Invasion des unter sowjetischer und chinesischer Unterstützung agierenden kommunistischen Nordkoreas auf das von den USA und später auch der NATO unterstützten Südkorea begann, war genau wie der fast fünf Jahre dauernde Weg dorthin geprägt von der beginnenden Auseinandersetzung der beiden Supermächte USA und der Sowjetunion, welche in dem über vierzig Jahre andauernden Kalten Krieg münden sollte.

Auch wenn er heute ein vor allem in Europa weitestgehend vergessener Krieg ist, blickte man gerade in Deutschland gespannt auf das Geschehen im weit entfernten Korea, da sich auch auf deutschem Gebiet die beiden Supermächte Auge in Auge gegenüberstanden. Die Analogien zwischen beiden Ländern führten dazu, dass Korea einen Modellcharakter für Westdeutschland besaß und der Kriegsausbruch im Fernen Osten dementsprechend dezidierte Auswirkungen auf die Bundesrepublik Deutschland hatte.

Dieser Arbeit wird die Leitfrage *„Warum hatte der Koreakrieg, an welchem die neugegründete Bundesrepublik Deutschland nicht aktiv teilnahm, einen so bedeutenden Einfluss auf die wirtschaftliche Entwicklung, die Wiederbewaffnung und den Weg in die NATO?"* vorangestellt. Für die Beantwortung der Frage wird zum einen die wirtschaftliche Entwicklung der Bundesrepublik Deutschland nach dem Koreakrieg in Bezug gesetzt zu den Voraussetzungen, aus denen sie erwuchs. Zum anderen wird die sicherheitspolitische Situation in Westdeutschland von 1945 bis Mitte 1950 beschrieben und anhand dieser der Weg skizziert, welchen Westdeutschland nach dem Kriegsausbruch einschlug, um die Westintegration und die Wiederbewaffnung voranzutreiben.

Die beiden Thesen, welche ich dieser Arbeit zugrunde lege, lauten: *„Der Koreakrieg war eher Katalysator als Vater der deutschen Wiederbewaffnung"*[1] und *„Der Koreakrieg war der wichtigste Auslöser für den enormen wirtschaftlichen Aufschwung der Bundesrepublik Deutschland bis in die 1970er Jahre hinein"*. Das Ziel der Arbeit ist es, den außerordentlichen Einfluss des Koreakrieges auf das politische, militärische und wirtschaftliche Westdeutschland der Nachkriegszeit zu skizzieren.

---

[1] Vgl. *Mai, Gunther,* Westliche Sicherheitspolitik im Kalten Krieg. Boppard am Rhein 1977, S. 171 und *Höfner,* Aufrüstung Westdeutschlands, S. 173.

2. Lage Deutschlands in der Nachkriegszeit:

Die Aufarbeitung des historischen Kontextes der Lage Deutschlands in der Nachkriegszeit hat den Zweck, die Rahmenbedingungen und Spielräume darzulegen, die das besiegte Land nach dem Ende des Zweiten Weltkrieges prägten und zudem aufzuzeigen, auf welchen Voraussetzungen der spätere wirtschaftliche Erfolg sowie die Westintegration fußt.

Nach der vollständigen Kapitulation und der daraus resultierenden Kriegsniederlage im Mai 1945 stand Deutschland vor den Trümmern des verlorenen Krieges, der große Teile des Landes vollständig zerstört hatte und Millionen von Opfern forderte. Erschwerend hinzu kam die Aufteilung des Landes in Besatzungszonen der Siegermächte USA, Großbritannien, Frankreich und der Sowjetunion, welche zudem Reparationszahlungen – auch durch Demontagen – von den Deutschen forderten. Nach dem Ende des Krieges bestand also die Aufgabe darin, die Lage der demoralisierten und traumatisierten Bevölkerung zu verbessern, die Wirtschaft anzukurbeln, das Transportwesen wieder aufzubauen und sich von den Zerstörungen des Krieges zu befreien.

In den Jahren 1945 bis 1948 wurden in allen vier Besatzungszonen die Grundlagen für wichtige wirtschaftliche Entscheidungen gelegt, welche die nun folgende Zeit der Rekonstruktion bedingten.[2] Die am 20. Juni 1948 auf Druck der Alliierten durchgeführte Währungsreform markierte den ersten Schritt einer neuen deutschen Wirtschaftspolitik. Diese war notwendig geworden, da der seit dem Krieg immer weiter wachsende Geldüberhang zum Wertverlust der immer noch aktiven Reichsmark führte, woraus eine Flucht der Menschen in die Sachwerte resultierte. Durch die schlechte Versorgungslage, die kurz nach dem Krieg herrschte, waren Alltagswaren kaum in öffentlichen Geschäften erhältlich und Lebensmittel wurden gegen Lebensmittelmarken eingetauscht. Dadurch blühte der Schwarzmarkt, auf welchem alles zum Tausch angeboten wurde. Die Reichsmark bekam, da amerikanische Zigaretten die stabilste Währung darstellten, den spöttischen Beinamen einer *Zigarettenwährung*[3]. Aufgrund dieser Geldentwicklung war es notwendig, die Währungsreform durchzuführen, wodurch die Geldmenge drastisch reduziert wurde und mit der Deutschen Mark wieder eine vertrauenswürdige Geldform eingeführt wurde. Ziel der Währungsreform war es, kurzfristig den Geldüberhang zu beseitigen und daraufhin eine langfristige, stabile und funktionierende Marktwirtschaft aufzubauen[4]. Die Folgen waren, dass jeder Westbürger ein Kopfgeld von 40 DM erhielt (einen Monat später wurden noch einmal 20 DM in bar ausgezahlt),

---

[2] Vgl. *Abelshauser, Werner*, Deutsche Wirtschaftsgeschichte (2. Überarbeitete und erweiterte Auflage). München 2011, S. 13.
[3] Vgl. *Lindlar, Ludger*, Das missverstandene Wirtschaftswunder. Tübingen 1997, S. 205.
[4] Vgl. *Erhard, Ludwig*, Deutsche Wirtschaftspolitik (Neuausgabe). Düsseldorf 1992, S. 62.

wodurch die Konjunktur direkt angekurbelt werden sollte.[5] Durch das Ende der Preisbindungen waren die Läden wieder mit Waren bestückt, weil die Händler durch die freie Preispolitik und durch die vertrauenswürdige neue Währung wieder ermutigt wurden, ihre Waren zum Kauf anzubieten. Nach einem drastischen Anstieg des Preisniveaus in Folge der Währungsreform bis Dezember 1948 konnte dieser Anfang 1949 durch eine restriktive Kreditpolitik der Zentralbank unterbunden werden.[6]

Eine direkte Folge der Währungsreform in den Westzonen war die Berlin-Blockade, in welcher die Sowjetunion durch eine Blockade West-Berlins ab Juni 1948 versuchte, die Teilung der Stadt und die Abspaltung ihrer Besatzungszone voranzutreiben. Es waren schließlich die Amerikaner, welche die West-Berliner Bevölkerung bis zum Ende der Blockade im Mai 1949 über eine Luftbrücke vor allem mit Lebensmitteln und Heizmaterial versorgten. Diese Unterstützung verhalf den Amerikanern zu einer großen Popularität in der Bevölkerung, auf welcher die spätere intensive Zusammenarbeit fußt. Der Konflikt zwischen der Sowjetunion und den Alliierten unter amerikanischer Führung trieb die Teilung der drei Westzonen und der sowjetischen Ostzone schnell voran und war einer der ersten Höhepunkte in den Zeiten des beginnenden Kalten Krieges.

Nach der Währungsreform verlief die finanzielle Entwicklung jedoch nicht in die gewünschte Richtung. Grund für diesen Negativtrend war vor allem der verzögerte Start und der enttäuschende Umfang der Marshall-Plan Lieferungen.[7] Der Marshall-Plan, oder auch European Recovery Program (ERP), bezeichnete ein amerikanisches Aufbauprogramm für die westeuropäische Wirtschaft und umfasste Kredite, Rohstoffe, Waren und Lebensmittel. Benannt wurde das Programm nach dem damaligen US-Außenminister George C. Marshall, der es initiierte. Die Amerikaner brachten den Plan nicht ohne Eigennutz auf den Weg, denn sie suchten neben der Unterstützung der europäischen Bevölkerung vor allem die Eindämmung der Sowjetunion durch ein gestärktes Westeuropa (ein Aspekt der in der nahen Zukunft nach dem Ausbruch des Koreakrieges besonders wichtig für die Bundesrepublik werden sollte) und einen Absatzmarkt für ihre Güter.[8]

Ludwig Erhard ging davon aus, dass er „die gesamte Kapitalbildung aus dem Marshall-Plan finanzieren und das westdeutsche Sozialprodukt praktisch vollständig für den Konsum verwenden [könne]"[9]. Ziel des Marshall-Plans war aus deutscher Sicht aber neben dem finanziellen Einfluss auch die Ausübung eines politischen Einflusses um in den Monaten nach der Währungsreform zum „Gelingen des reformliberalen Experiments"[10] beizutragen. Dementsprechend war der politische Gewinn aus der Teilnahme der Bizone am Marshall-Plan im Jahre 1948 größer als der

---

[5] Vgl. *Abelshauser*, Wirtschaftsgeschichte, S. 337.
[6] Vgl. *Abelshauser*, Wirtschaftsgeschichte, S. 150.
[7] Vgl. *Abelshauser*, Wirtschaftsgeschichte, S. 129.
[8] Vgl. *Wehler, Hans-Ulrich*, Deutsche Gesellschaftsgeschichte 1949-1990. München 2008, S.50 f.
[9] *Abelshauser*, Wirtschaftsgeschichte, S. 129 f.
[10] *Abelshauser*, Wirtschaftsgeschichte, S. 130.

wirtschaftliche, sodass eine reine Reduzierung auf die wirtschaftlichen Ergebnisse dem Ganzen also nicht gerecht werden würde.

Anders als von Bevölkerung und Politikern erwartet, spielte der Marshall-Plan zunächst keine Rolle für den westdeutschen Wiederaufbau. Der vorerst verzögerte wirtschaftliche Aufschwung nach der Währungsreform hängt sicherlich auch mit den überzogenen, fast schon utopischen Erwartungen der verantwortlichen Politiker an den Marshall-Plan zusammen.[11] Des Weiteren behinderten praktische Probleme im zweiten Halbjahr 1948 den Marshall-Plan. Noch im September war weit mehr als die Hälfte der Waren „im Stadium der Vorbereitung"[12] und bis zum Ende des Jahres waren lediglich 27% der bis dahin zugesagten Hilfe auch angekommen.[13] Es war also größtenteils die schwerfällige Bürokratie, welche schnellere Hilfe verhinderte.[14] Erkennbar war zu dieser Zeit außerdem ein Konflikt zwischen ECA (Marshall-Plan-Verwaltung) und der OMGUS (amerikanische Militärregierung) über den Stellenwert des westdeutschen Wiederaufbaus und seiner wirtschaftlichen Gesundung, speziell natürlich für die Vereinigten Staaten von Amerika. Die amerikanische Militärregierung wollte durch den Marshall-Plan keine Lebensmittel oder Luxusgüter wie Tabak nach Westdeutschland einführen, sondern vor allem Waren, die den industriellen Wiederaufbau Westdeutschlands beschleunigen sollten.[15]

Die ECA erkannte den Stellenwert des deutschen Wiederaufbaus für die Stabilisierung Westeuropas zwar an, leitete aus ihm aber eine Verpflichtung der Bizone ab, ebenfalls etwas an der wirtschaftlichen Gesundung mitzuwirken. Die Spannungen waren so deutlich zu spüren, dass der Direktor der ECA nicht nur einen Vorschlag der OMGUS ablehnte, die Forderungen aus dem Marshall-Plan zu erhöhen, er wollte die Forderungen sogar von 437 Millionen auf 364 Millionen US-Dollar kürzen. Schließlich einigte man sich auf eine Förderungssumme in Höhe von 414 Millionen US-Dollar.[16]

Aber es zeigten sich nicht nur die Amerikaner unzufrieden mit dem Umfang der bisherigen Marshall-Plan-Lieferungen, sondern auch die konservativen und liberalen Parteien des Regierungslagers waren enttäuscht, gerade gemessen an den Erwartungen, wie sie zum Beispiel Erhard hatte[17]. Die Opposition um die Kommunisten fand noch deutlichere Worte und sprach von einer „Versklavung Westeuropas"[18]. Die Experten der SPD kritisierten besonders die Nachteile wie Osthandel und Kohlezwangsexporte, welche aus ihrer Einschätzung die Vorteile überschatteten. Die Kritik der SPD am Marshall-Plan ist allerdings nicht einzig wirtschaftspolitisch zu betrachten, ihr

---

[11] Vgl. *Abelshauser*, Wirtschaftsgeschichte, S. 129 f.
[12] Ebd.
[13] *Abelshauser*, Wirtschaftsgeschichte, S. 130.
[14] Vgl. *Abelshauser*, Wirtschaftsgeschichte, S. 131.
[15] Ebd.
[16] *Abelshauser*, Wirtschaftsgeschichte, S. 132.
[17] Vgl. Fußnote 9.
[18] *Abelshauser*, Wirtschaftsgeschichte, S. 132.

Fokus liegt vor allem auf der Deutschlandpolitik. Für die SPD stand, im Gegensatz zu der Sicht des späteren Bundeskanzlers Konrad Adenauer, die deutsche Einheit vor der Westintegration. Dementsprechend reagierte die SPD sehr kritisch auf den Marshall-Plan, welcher die Voraussetzungen für den Zusammenschluss der drei Westzonen zur Bundesrepublik Deutschland schuf und damit die Eingliederung der sowjetischen Besatzungszone (und somit einen gesamtdeutschen Staat) außen vor ließ, auch wenn sich dadurch eine Entlastung von den Reparationszahlungen ergab.[19] Frankreich begann zu diesem Zeitpunkt seine Rolle als Pessimist, eher als Kritiker einer deutschen Westintegration aufzunehmen, da es ein wiedererstarktes Deutschland aufgrund der konfliktträchtigen Geschichte beider Länder fürchtete. Da die Franzosen für die Vereinigten Staaten von Amerika aber als Partner ihrer europäischen Stabilitätspolitik unverzichtbar waren, neigten sie gegenüber Frankreich zum Nachgeben in deutschlandpolitischen Fragen. Gerade in der Frage der Reparationszahlungen, welche die deutsche Wirtschaft schwächten, lagen beide Länder im Zwist, da die Amerikaner eine Stärkung der westdeutschen Wirtschaft wünschten. Das Ziel der USA war es auch, durch den Marshall-Plan die europäischen Forderungen nach versteckten Reparationszahlungen[20] (gemeint sind zum Beispiel Zwangsexporte oder die Aneignung deutscher Kenntnisse im technischen oder wissenschaftlichen Bereich) von der Bundesrepublik zu unterbinden, was der Wirtschaft natürlich sehr entgegengekommen wäre. Um Frankreich in diesem Punkt zu besänftigen, flossen bis zum Ende des Marshall-Plan-Programms insgesamt über drei Milliarden US-Dollar in Richtung Paris.[21] Das amerikanische Interesse lag auf der Hand: man wollte die Franzosen dazu bringen, sich wirtschaftlich in Deutschland zu engagieren und so eine gemeinsame Trizone bilden.

Als die Lieferungen aus dem Marshall-Plan dann Ende 1948/Anfang 1949 endlich begannen, gab es weitere Probleme. Die eingeführten Rohstoffe waren oft zu teuer und entsprachen zudem nicht den Anforderungen der Industrie. Außerdem erreichten die Lieferungen Deutschland zu einem Zeitpunkt der Flaute auf dem Binnenmarkt. Das Wachstum halbierte sich und die Arbeitslosigkeit stieg.[22] Weiterhin gab es bürokratische Probleme bei der Vermittlung der Waren, was vor allem mit dem bereits angesprochenen Konflikt zwischen OMGUS und ECA zusammenhing. In der französischen Zone zum Beispiel gab es Beschaffungsengpässe, in der Bizone Absatzprobleme. Die Lebensmittellieferungen allerdings waren immens wichtig, gerade für die Zivilbevölkerung während der Berlin-Blockade.

Am 23. Mai 1949 gründete sich schließlich die Bundesrepublik Deutschland auf dem Gebiet der drei Westzonen. Die deutsche Spaltung war vorerst vollzogen. Bei der Wahl zum ersten deutschen

---

[19] Vgl. *Abelshauser*, Wirtschaftsgeschichte, S. 133.
[20] Ebd.
[21] Vgl. *Abelshauser*, Wirtschaftsgeschichte, S. 134.
[22] Vgl. *Abelshauser*, Wirtschaftsgeschichte, S. 137.

Bundestag wurde Konrad Adenauer erster Bundeskanzler und Ludwig Erhard, der mit seiner Politik das Konzept der sozialen Marktwirtschaft verfolgte, wurde Wirtschaftsminister. Auch nach der Staatsgründung stand es im Vordergrund, die negativen Entwicklungen in der Wirtschaft (steigende Arbeitslosigkeit und schrumpfendes Wachstum) mit zahlreichen Konjunkturpaketen, Investitionen und Lohnkostensenkungen aufzuhalten, was allerdings zunächst misslang.[23] Die Arbeitslosigkeit stieg weiter an und erreichte zu Beginn des Jahres 1950 ihren Höchststand von etwa 12% (das bedeutete zwei Millionen Erwerbslose)[24]. Vor allem gestaltete es sich schwierig, die zahlreichen Kriegsrückkehrer und Ostflüchtlinge in die Arbeitswelt zu integrieren. Hervorzuheben ist an dieser Stelle, insbesondere mit Blick auf die eigene deutsche Geschichte der Weimarer Republik, die Gefahr, die von Massenarbeitslosigkeit auf die Etablierung der Demokratie ausgehen kann. Aufgrund dessen musste Wirtschaftsminister Erhard unter dem Druck der Hohen Kommission und der parlamentarischen Opposition gegen seinen Willen ein Arbeitsbeschaffungsprogramm einführen. Dieses *erweiterte Investitionsprogramm* hatte eine Größe von mächtigen 5,4 Milliarden DM, welche jedoch nicht alleinig für den Zweck der Arbeitsbeschaffung verwendet wurden.[25]

Erkennbar ist, dass die westdeutsche Wirtschaft in den ersten beiden Jahren nach der Währungsreform trotz der Marshall-Plan-Hilfen noch nicht die wirtschaftliche Entwicklung einschlug, die man sich erhofft hatte. So lässt sich festhalten, dass der Marshall-Plan eindeutig der Weststaatsgründung den Weg bereitete, da er die Westzonen (USA, Großbritannien und Frankreich) wirtschaftlich einte und zusätzlich die Wirtschaft ankurbelte, indem Westdeutschland von der Zahlung der Reparationen entlastet wurde. Weiterhin forcierte er die europäische Zusammenarbeit und legte so den Grundstein für die spätere Westintegration der Bundesrepublik.[26] Die Marshall-Plan-Lieferungen an sich aber hatten kaum eine Auswirkung auf die wirtschaftliche Entwicklung bis zum Kriegsausbruch in Korea, da sie Deutschland schlichtweg zu spät erreichten. Die Hilfen der US-Amerikaner aus GARIOA (Government and Relief in Occupied Areas) und dem Marshall-Plan betrugen bis Ende 1952 circa 3,2 Milliarden US-Dollar.[27]

Es dauerte bis zum Juni 1950, als der Ausbruch des Krieges in Korea einen völlig überraschenden Einfluss auf die europäische und insbesondere auf die westdeutsche Wirtschaft und Politik ausübte.

---

[23] Vgl. *Abelshauser*, Wirtschaftsgeschichte, S. 148.
[24] *Abelshauser*, Wirtschaftsgeschichte, S. 146 f.
[25] Vgl. *Abelshauser*, Wirtschaftsgeschichte, S. 155.
[26] Vgl. *Abelshauser*, Wirtschaftsgeschichte, S. 135.
[27] Grafik in: *Abelshauser*, Wirtschaftsgeschichte, S. 136.

3. Sicherheitspolitische Situation in Deutschland vor dem Koreakrieg:

In diesem Gliederungspunkt soll die Frage im Fokus stehen, welche Sicherheitspolitik die Bundesrepublik Deutschland bis zum Ausbruch des Koreakrieges verfolgte, welches übergeordnete Ziel sie dabei vor Augen hatte und vor allem, was sicherheitspolitisch für das unter Besatzung stehende Land in diesem Aspekt überhaupt möglich war.

Im Grundsätzlichen ist anzumerken, dass die im Zuge dieser Arbeit des Öfteren verwendeten Begriffe *Wiederbewaffnung* und *Remilitarisierung* missverständlich aufgefasst werden können. Daher folgt an dieser Stelle die kurze Erläuterung, dass damit ein Beitrag der komplett waffenlosen Bundesrepublik Deutschland zu der gemeinsamen Verteidigung Westeuropas gemeint war und nicht die Aufstellung eigenständiger deutscher Divisionen ohne eine internationale Kontrollinstanz.[28]

Konstatiert werden muss, dass offizielle Sicherheitspolitik in Westdeutschland de jure erst nach der Staatsgründung betrieben werden konnte. Bis dahin war Deutschland vor allem Mittelpunkt der sicherheitspolitischen Bemühungen der Besatzungsmächte. Eigenständige Vorstöße in puncto Wiederbewaffnung oder eigener Sicherheitspolitik wurden mit heftigen Reaktionen seitens der Westalliierten bedacht, welche die komplette Kontrolle über Westdeutschland, insbesondere auf diesem Gebiet behalten wollten.[29] Sicherheitspolitik impliziert in diesem Fall aber auch das Bestreben nach politischer Souveränität.[30]

In der Zeit vor der deutschen Staatsgründung im Mai 1949 war die internationale politische Situation durch den Konflikt in Korea sehr angespannt. Auf dem Gebiet des bis zum Ende des Zweiten Weltkrieges von den Japanern besetzten Korea ereignete sich nach dem Zweiten Weltkrieg der Auftakt zur lange andauernden Zeit des Kalten Krieges. Die Blockbildung in Ost und West, die Möglichkeit eines Angriffs (von beiden Seiten), sowie die Gefahr eines atomaren Krieges hatte vor allem große Auswirkungen auf Deutschland, welches ebenfalls von den beiden Supermächten USA und der Sowjetunion fremdregiert wurde. Dieser Aspekt der Auswirkungen des Kalten Krieges und des Koreakonflikts auf Westdeutschland wird im Verlauf dieser Arbeit noch detailliert aufgearbeitet[31]. Auch noch zu dieser Zeit, dem ersten Höhepunkt des Kalten Krieges, war es für Deutschland politisch nicht angebracht, den Aspekt der Wiederbewaffnung in der Öffentlichkeit zu thematisieren. Ein Vorwurf des „Militarismus"[32] wäre für die Deutschen nur schwer zu ertragen gewesen.

Nachdem knapp vier Jahre nach dem Ende des Zweiten Weltkrieges am 23. Mai 1949 das neue

---
[28] Vgl. *Meyer, Georg*, Innenpolitische Voraussetzungen der westdeutschen Wiederbewaffnung in: *Fischer, Alexander (Hrsg.)*, Wiederbewaffnung in Deutschland nach 1945. Berlin 1986. S.31.
[29] Vgl. *Höfner, Karlheinz*, Die Aufrüstung Westdeutschlands. München 1990, S. 17.
[30] Vgl. *Höfner*, Aufrüstung Westdeutschlands, S. 11.
[31] Vergleich Gliederungspunkt 4 und 4.1.
[32] *Höfner*, Aufrüstung Westdeutschlands, S. 17.

Grundgesetz der Bundesrepublik Deutschland in Kraft trat, hatte sich zwar ein neuer Staat gebildet, aufgrund des Besatzungsstatuts der Siegermächte und der bis dahin nicht zugestandenen Souveränität waren mit dieser Staatsgründung aber nicht die vollständigen Rechte in der Sicherheits- oder Außenpolitik verbunden, wie wir sie heute kennen und schätzen. Die Bewegungsfreiheit und Handlungsfähigkeit des neuen Staates war also zu Beginn stark eingeschränkt.[33] Die Alliierten entschieden nämlich immer noch über eine westdeutsche Wiederbewaffnung[34] und sie lehnten diese zu diesem Zeitpunkt ähnlich wie die deutsche Bevölkerung, in der das Thema kontrovers diskutiert wurde, zunächst noch ab. Allerdings gab es nach der Staatsgründung vor allem in der Presse ein Umdenken, welches die Gefahr einer kommunistischen Invasion in den Vordergrund stellte.[35] Die neue Regierung unter Bundeskanzler Konrad Adenauer hielt sich an die Beschlüsse des Petersberger Abkommens, welches zwischen der westdeutschen Bundesregierung und den Alliierten Hohen Kommissaren am 22. November 1949 geschlossen wurde und in welchem die Bundesrepublik unter Artikel 3

„ihre ernste Entschlossenheit [bekundet], die Entmilitarisierung des Bundesgebietes aufrecht zu erhalten und mit allen Mitteln, die in ihrer Macht stehen, zu bestreben, dass die Wiederaufstellung bewaffneter Streitkräfte jeder Art verhütet wird. Zu diesem Zwecke wird die Bundesregierung ganz mit der Hochkommission bei den Arbeiten des militärischen Sicherheitsamtes zusammenarbeiten."[36]

Im Petersberger Abkommen wurden auch andere wichtige Übereinkommen geschlossen, die die politische und wirtschaftliche Zusammenarbeit der nächsten Jahre zentral prägten. So einigte man sich darauf, dass man erstens die Beteiligung Deutschlands an internationalen Organisationen herbeiführen möchte, zweitens eine Aufnahme als assoziiertes Mitglied in den Europarat vorantreiben wollte und das drittens ein bilaterales Abkommen zwischen den Regierungen der Vereinigten Staaten und der Bundesrepublik über die Marshall-Plan-Hilfen unterzeichnet werden sollte.[37] Weiterhin wurde vereinbart, dass Westdeutschland eine stufenweise Wiedereinrichtung von Konsular- und Handelsbeziehungen in die Wege leiten durfte. Außerdem bekräftige die Bundesrepublik ihren Entschluss, „vorbehaltlos die Grundsätze der Freiheit und Toleranz und der Menschlichkeit zu befolgen" sowie alle Spuren des Nazismus auszurotten.[38] Durch dieses Abkommen machte die Bundesrepublik ein halbes Jahr nach ihrer Gründung einen großen Schritt in Richtung Westintegration und Etablierung als gleichwertiger Staat.

Ziel der Regierung des ersten deutschen Kanzlers Adenauer war es, der Bundesrepublik

---

[33] Vgl. Fußnote 36 sowie *Abelshauser,* Deutsche Wirtschaftsgeschichte, S. 179.
[34] Vgl. *Höfner,* Aufrüstung Westdeutschlands, S. 180f.
[35] Vgl. *Höfner,* Aufrüstung Westdeutschlands, S. 180.
[36] Archiv der Gegenwart. Deutschland 1949 bis 1999. November 1949. S. 1222. [http://www.digitale-bibliothek.de/band78.htm] (zuletzt besucht am: 16.02.2014 um 12:35 Uhr)
[37] Ebd.
[38] Ebd.

Deutschland politische Gleichberechtigung zu verschaffen und zugleich die äußere Sicherheit zu erlangen.[39] Die anfängliche Sicherheitspolitik nach der Staatsgründung zeichnete sich dadurch aus, dass Adenauer der Meinung war, diese beiden Ziele seien vor allem durch eine intensive Westintegration zu erreichen. Höfner formuliert dazu: „Nur wenn es gelang, Westdeutschland fest in eine europäische oder europäisch-atlantische Allianz einzubinden, konnte auf einen wirksamen Schutz für Westdeutschland und Westeuropa gehofft werden".[40] Man favorisierte eine stufenweise Entwicklung der Sicherheitspolitik, welche Höfner folgendermaßen beschreibt: An erster Stelle stand ein *Sicherheitsbedürfnis* als Antrieb für Überlegungen zu einem westdeutschen *Sicherheitsdenken*. Über dieses *Sicherheitsdenken* hinausgehend, aber immer noch als Vorstufe der Sicherheitspolitik zu verstehen waren sogenannte *Sicherheitsplanungen* (Überlegungen von militärischen Experten, welche bereits konkrete militärische und militärpolitische Maßnahmen beinhalteten). Die Umsetzung dieser Überlegungen der *Sicherheitsplanungen* ist dann als *Sicherheitspolitik* zu verstehen, wobei auch Überlagerungen der jeweiligen Stufen festzustellen waren.[41]

Konrad Adenauer gab bereits seit Juli 1945 zu Protokoll, dass die Sowjetunion einen „eisernen Vorhang"[42] hinabgelassen hätte und sobald die bolschewistische Gefahr in Zukunft bedrohlich werden würde, „[gelte es] alle politischen Energien ausschließlich auf die Sicherung Westdeutschlands zu konzentrieren, auch wenn damit die de facto-Teilung zementiert werden würde"[43], wobei Adenauer damit in Sachen innerdeutsche Teilung so kurz nach dem Krieg verblüffenden Weitblick zeigte. Für ihn stand die Westintegration, im Gegensatz zu vielen politischen Gegnern (insbesondere die der SPD) in den kommenden Jahren nicht im Widerspruch zu der Forderung nach einer Wiedervereinigung der beiden deutschen Teilstaaten. Adenauer war der Überzeugung, dass ein wiedervereinigtes, fest im westlichen Bündnis verankertes Deutschland für die Westmächte und auch für die Sowjetunion eher zu akzeptieren sei, als ein unabhängiges Deutschland.[44] Den anderen, ebenfalls im Jahre 1949 gegründeten Teilstaat, die DDR, wollte die Regierung unter Adenauer aufgrund des Alleinvertretungsanspruchs der Bundesrepublik für das ganze deutsche Volk außenpolitisch isolieren. Mit der sogenannten Hallstein-Doktrin, welche dritten Staaten die Aufnahme von diplomatischen Beziehungen mit der DDR untersagte, da ansonsten die Bundesrepublik mit dem Abbruch, beziehungsweise der Nicht-Aufnahme diplomatischer Beziehungen reagieren würde, wurde dieser Versuch der Isolation ab 1955 in die Tat

---

[39] Vgl. Landeszentrale für politische Bildung Baden-Württemberg (Hrsg.), Zeitschrift für die Praxis der politischen Bildung, Politik&Unterricht, Heft 1-2009. S.4.
[40] *Höfner*, Aufrüstung Westdeutschlands, S. 15.
[41] Vgl. *Höfner*, Aufrüstung Westdeutschlands, S. 11 f.
[42] *Höfner*, Aufrüstung Westdeutschlands, S. 16.
[43] Ebd.
[44] Vgl. Landeszentrale für politische Bildung, Zeitschrift für die Praxis der politischen Bildung, S. 4.

umgesetzt.⁴⁵ Diese Politik setzte sich gerade in den Kreisen der CDU noch lange, zu lange fort, so das selbst Bundeskanzler Kurt-Georg Kiesinger Ende der 1960er Jahre die DDR nicht als einen Staat, sondern als ein *Phänomen* oder *Gebilde*⁴⁶ bezeichnete. So war es zu großen Teilen diese Politik, die die Aussichten auf eine Wiedervereinigung maßgeblich behinderte und auf sehr lange Zeit unmöglich machte.

Eine Debatte über eine westdeutsche Wiederaufrüstung gab es allerdings auch schon zu Zeiten vor dem Kriegsausbruch in Korea. Eine Diskussion über Form, Notwendigkeit und Zweckmäßigkeit einer westdeutschen Wiederbewaffnung und über Sicherheitsfragen im Allgemeinen wurde bereits seit 1947 geführt⁴⁷ und hatte ihre Befürworter vor allem in den Militärs von USA und Großbritannien. Die Gründung der NATO im April 1949 aber schuf eine gemeinsame Militärpolitik des Westens, durch welche eine Militarisierung Deutschlands nicht mehr notwendig erschien, da die NATO-Strategie der atomaren Vergeltung „regional begrenzte Kriege konventioneller Art"⁴⁸ nicht einbezog und daher glaubte, auf „konventionelle Stärke verzichten zu können"⁴⁹. Einen totalen *game changer* gab es dann aber durch die erste erfolgreiche Zündung einer sowjetischen Atomrakete im Herbst 1949, welche die atomare Abschreckung seitens der USA aufhob und die Kräfteverhältnisse zugunsten der Sowjetunion in Richtung eines Patts verschob.⁵⁰ Die konventionelle Rüstung rückte dementsprechend wieder in den Vordergrund, was sich gerade auf dem Gebiet Koreas in sehr naher Zukunft durch den Kriegsausbruch zeigen sollte, welcher die Überlegungen zu einer Aufrüstung Westdeutschlands maßgeblich beeinflusste.

Im Juni 1950 (vor dem Kriegsausbruch in Korea) offerierte der Bundeskanzler den Alliierten ein Angebot über die Aufstellung einer deutschen Legion auf französischem Boden zur Sicherung Westeuropas, was die Besatzungsmächte allerdings ablehnten. Deutlich wird hier in welchem Stadium sich die deutsche Sicherheitspolitik bis zum Kriegsausbruch in Korea bewegte und dass die Alliierten noch nicht bereit waren, den Deutschen irgendwelche Zugeständnisse zu machen.

Diese nicht vorhandene eigenständige Sicherheitspolitik, sondern das angewiesen sein auf die alliierten Partner Anfang der 1950er Jahre schürte nach dem Ausbruch des Koreakrieges im Juni 1950 vor allem in konservativen Kreisen die Debatte um die Wiederaufrüstung. Legitimiert wurde die Notwendigkeit, oder Unvermeidlichkeit der westdeutschen Wiederbewaffnung mit dem Schreckgespenst einer Invasion aus dem Osten, genauer von der Sowjetunion.⁵¹ Ob diese Angst begründet war, und warum sie in Westdeutschland vorhanden war, wird noch genauer thematisiert.

---

⁴⁵ Vgl. Landeszentrale für politische Bildung, Zeitschrift für die Praxis der politischen Bildung, S. 4.
⁴⁶ Vgl. Der Spiegel Ausgabe 37/1969. S. 26.
⁴⁷ Vgl. *Mai*, Sicherheitspolitik, S. 16.
⁴⁸ *Mai*, Sicherheitspolitik, S. 171.
⁴⁹ Ebd.
⁵⁰ Ebd.
⁵¹ Vgl. *Höfner*, Aufrüstung Westdeutschlands, S. 13.

4. Der Koreakrieg:

Der Koreakrieg, welcher am 25. Juni 1950 ausbrach, hatte seine Ursachen in der Neuordnung des Landes nach dem Zweiten Weltkrieg. Nach diesem gab es jahrelange Verhandlungen zwischen der Sowjetunion und den USA über eine rasche Wiedervereinigung des bis 1945 von den Japanern fremdbesetzten Landes. Schon schnell wurde deutlich, dass das seit dem 7. September 1945 in eine sowjetisch kontrollierte Nordhälfte und eine amerikanisch kontrollierte Südhälfte geteilte Korea in den Streit der beiden Supermächte über die Etablierung einer neuen Weltordnung geraten war. Es handelte sich hierbei bereits in der Formierungsphase des Kalten Krieges um die globale Sicherung von Räumen.[52]

Nach dem Ende des Zweiten Weltkrieges, in welchem die Koreaner unfassbaren Gräueltaten der Japaner ausgesetzt waren (rund vier Millionen Koreaner wurden als Arbeitssklaven missbraucht[53]) hofften diese nach dem Ende des Krieges und der Niederlage der japanischen Armee auf eine Befreiung ihres Landes, was ihnen auf der Konferenz in Kairo im Jahre 1943 von den Alliierten auch erstmals zugesagt wurde. „Zu gegebener Zeit", lauteten die Aussagen von Roosevelt, Churchill und Chiang Kai-shek in Bezug auf ein unabhängiges Korea.[54] Auf den nächsten Konferenzen in Jalta und Potsdam war davon allerdings keine Rede mehr. Roosevelt sprach von einer Treuhänderschaft über mindestens zwanzig bis dreißig Jahre, bis man Korea in die Unabhängigkeit entlassen könne.[55] Als Demarkationslinie entschied man sich nach einem Blick auf den Globus für den 38. Breitengrad, da weder die zuständigen Amerikaner noch die Sowjets Vorbereitungen für eine etwaige Grenzziehung getroffen hatten. Korea war nun ein geteiltes Land. Die Wahl der Demarkationslinie als einen Breitengrad verdeutlicht den Pragmatismus und das Desinteresse an einer zufriedenstellenden Einigung für das Land im fernen Osten. Diese Haltung setzte sich auch bei der Wahl des Generals der Besatzungstruppen fort, als General Douglas MacArthur (Oberbefehlshaber der alliierten Streitkräfte in Japan und Korea) General John Hodge ernannte, weil dessen Verbände gerade verfügbar waren.[56] General Hodge bemühte sich, Ruhe ins Land zu bringen, was sich allerdings als äußerst schwer herausstellte, da es sich innenpolitisch zunehmend radikalisierte. In Korea waren nach der Auflösung der japanischen Herrschaft im ganzen Land „Revolutions-" und „Wiederaufbau-Komitees" entstanden, welche unterschiedliche radikale Interessensgruppen darstellten.[57] Bei den Generälen MacArthur und Hodge festigte sich der

---

[52] Vgl. *Kleßmann, Christoph; Stöver, Bernd,* Der Koreakrieg. Köln u.a. 2008, S. 7.
[53] Ebd.
[54] *Kleßmann; Stöver,* Koreakrieg, S. 8.
[55] Ebd.
[56] Vgl. *Stöver, Bernd,* Geschichte des Koreakriegs. München 2013, S. 37 f.
[57] *Kleßmann; Stöver,* Koreakrieg, S. 8.

Eindruck, dass Korea zwar militärisch für die amerikanischen Interessen nicht vorrangig und entscheidend war, sehr wohl aber für die Auseinandersetzung mit der Sowjetunion, da man die westliche Stellung im Nahen Osten schützen wollte. Im sowjetischen Nordteil wurde ähnlich agiert. Hier erhielt der stalintreue Terenti Schtykow die Führungsposition, welcher bereits die Ausarbeitungen der nordkoreanischen Verfassung überwachte. Schtykows Einfluss auf Stalin galt als groß und so wurde spekuliert, dass er es war, der 1950 Stalins Einwilligung für den Angriff auf den Süden herbeiführte.[58] Mit der Unterstützung der Sowjetunion konnte der Vorsitzende der Partei der Arbeit, Kim Il-Sung, nicht nur seine politische Führung manifestieren, sondern zudem auch die sozialistische Neugestaltung der Gesellschaft schnell vorantreiben. 1946 gab es bereits eine Verstaatlichung von Industrie, Transportwesen und Banken, sowie zudem eine Bodenreform, was zahlreiche Nordkoreaner zur Flucht in den Süden veranlasste. Im November 1946 gelang es den Kommunisten dann auch – unter gewaltigem Druck auf die Bevölkerung – die Kommunalwahlen für sich zu entscheiden. Weiterhin wurde beschlossen, die wirtschaftliche Entwicklung der Zukunft eng mit der Sowjetunion und China abzustimmen.[59] Durch das Jahr 1946 zogen sich zudem 24 erfolglose Konferenzen über die koreanische Zukunft, sodass die Sowjets Ende des Jahres die Verhandlungen für gescheitert erklärten. Die Sowjetunion und die USA suchten die Schuld beide auf der anderen Seite.[60] Churchill sprach im März 1946 von einem „eisernen Vorhang" der vor dem sowjetischen Machtgebiet niedergegangen sei, Truman sagte im Januar 1946, er habe es überhaupt nicht mehr im Sinn, mit der Sowjetunion „länger auf Kompromisse [zu] spielen" und Stalin schließlich bekräftige am 9. Februar 1946 in einer Rede vor dem Obersten Sowjet Lenins These von der „Unvermeidlichkeit von Kriegen".[61] Die Weichen für eine sehr lange Auseinandersetzung waren also von beiden Seiten gestellt. Herbert Swope, ein Mitarbeiter der amerikanischen Kommission, welche mit den Sowjets über die Zukunft von Atomwaffen verhandeln sollte, formulierte 1946 seinen Eindruck, man befände sich bereits mit den Sowjets im Krieg, den man nur noch nicht militärisch führe, weil die Sowjetunion dazu noch nicht bereit sei.[62] Der Begriff des Kalten Krieges war geboren.

Sicherlich auch geprägt von dem Konflikt um Korea stellte US-Präsident Truman im März 1947 seine Truman-Doktrin vor, welche besagt, „dass die USA gewillt seien, jedem Land, welches sich von einer kommunistischen Machtübernahme bedroht fühle, Unterstützung zukommen zu lassen"[63]. Ein halbes Jahr später sprach Andrej Schdanow von einem „Kampf zweier unversöhnlich

---

[58] Vgl. *Stöver*, Geschichte des Koreakriegs, S. 37.
[59] Vgl. *Kleßmann; Stöver*, Koreakrieg, S. 9.
[60] Vgl. *Stöver*, Geschichte des Koreakriegs, S. 46.
[61] *Kleßmann; Stöver*, Koreakrieg, S. 10.
[62] Ebd.
[63] *Kleßmann; Stöver*, Koreakrieg, S. 10.

gegenüberstehenden politischen Lager um die Welt"⁶⁴ und warb um Verbündete. Diese beiden Reden können aufgrund ihrer Wirkung auf der anderen Seite als Beginn des Kalten Krieges gewertet werden.

Korea lag in diesem globalen Konflikt nicht im Mittelpunkt des westlichen Interesses. Das ist dadurch belegbar, dass die USA noch im September 1947 das Viermächtemandat für Korea an die Vereinten Nationen abgeben wollten, was bezeugt, dass die Amerikaner sich der Relevanz Koreas für die Weltpolitik nicht gewiss waren.⁶⁵ Im Folgenden bereitete eine UNO-Kommission gesamtkoreanische Wahlen vor. Da dieses von der Sowjetunion abgelehnt wurde, führte man die Wahl nur im Süden durch. Das Ergebnis war, dass der antikommunistische und proamerikanische Syng-man Rhee am 15. April 1948 zum ersten Präsidenten der Republik Korea ernannt wurde. Am 15. August folgte die Konstituierung der Republik Korea im Süden. Im Norden verzögerten sich die Ereignisse etwas, sodass sich am 9. September 1948 die Volksrepublik Korea konstituierte und sich Kim Il-Sung einen Tag später als Präsident ausrufen ließ.⁶⁶

1948 kam es dann zu einer rapiden Verschärfung der koreanischen Situation, sodass Truman und die USA Korea schon im Frühjahr als eine Krisenregion betrachteten, „wo die sowjetisch kontrollierte kommunistische Welt möglicherweise einen Angriff wagen würde"⁶⁷. Ein Problem war, dass die USA durch Außenminister Dean Acheson deutlich machten, ihr eigener Verteidigungsgürtel reiche nur bis Japan, den Aleuten und den Philippinen, also nicht bis Korea.⁶⁸ Aus diesem Grund war für Korea ein im Januar 1947 aufgebautes Fernostkommando zuständig, welches sich allerdings dreieinhalb Jahre später im Juni 1950 immer noch in der Aufbauphase befand und mit einer Armee nicht viel gemeinsam hatte.⁶⁹ Es gab keine Einsatzpläne, Gerätschaften fehlten und die Soldaten waren nicht kriegserfahren. Die US-Amerikaner beließen nur noch 462 Mann im Land, welche allerdings nicht dem Verteidigungsministerium unterstanden, sondern dem Außenministerium in Person des amerikanischen Botschafters in Seoul.⁷⁰ Des Weiteren war bekannt, dass die südkoreanische Armee der nordkoreanischen deutlich unterlegen war. Während die Sowjets den Norden mit viel Kriegsmaschinerie ausgestattet hatten, taten die USA dieses nicht, wohl auch aus Misstrauen, der Süden könne mit amerikanischem Kriegsgerät einen Angriff auf den Norden unternehmen.⁷¹ Die *Befreiung* des anderen Staates war auf beiden Seiten ein präsenter Gedanke. Der Bericht der KMAG (Korean Military Advisory Group) konstatierte 10 Tage vor Kriegsbeginn am 15. Juni 1950, dass „die südkoreanische Armee [mit zur Verfügung stehendem Kriegsgerät]

---

⁶⁴ *Kleßmann; Stöver*, Koreakrieg, S. 10f.
⁶⁵ Vgl. *Stöver*, Geschichte des Koreakriegs, S. 46.
⁶⁶ Vgl. *Kleßmann; Stöver*, Koreakrieg, S. 11.
⁶⁷ *Stöver*, Geschichte des Koreakriegs, S. 41.
⁶⁸ Vgl. *Stöver*, Geschichte des Koreakriegs, S. 40.
⁶⁹ Vgl. *Kleßmann; Stöver*, Koreakrieg, S. 11f.
⁷⁰ *Stöver*, Geschichte des Koreakriegs, S. 48.
⁷¹ Vgl. *Kleßmann; Stöver*, Koreakrieg, S. 12.

allenfalls 15 Tage durchhalten [könne], falls es zum Angriff aus dem Norden käme"[72].

Am 25. Juni 1950 begann der Koreakrieg schließlich durch eine Invasion von rund 120.000 Soldaten der Demokratischen Volksrepublik Korea (Nordkorea) mit Artillerie, schweren Panzern und 100 Flugzeugen, welche von der Sowjetunion geliefert wurden.[73] Die Intensität und Stärke des Angriffs überraschte die Südkoreaner, die Amerikaner, aber genauso auch die restliche Welt. Auch die schnell aus Japan herbeigezogenen amerikanischen Truppen waren kaum besser bewaffnet als die südkoreanischen Truppen, sodass sie zuerst kaum eine Auswirkung auf den Kriegsverlauf hatten.[74] Die damalige Meinung, dass neben den Sowjets auch China unter Mao Tse-tung den Invasionsplänen Kim Il-Sungs zugestimmt haben müssen, ist mittlerweile bestätigt[75] und beweist damit die These, dass es sich bei dieser kriegerischen Auseinandersetzung um einen Stellvertreterkrieg handelt, der die Machtsphäre des Warschauer Paktes sichern und den amerikanischen Einfluss beschneiden sollte. Die Frage allerdings, warum Stalin und Mao den ersten Angriffskrieg nach dem Zweiten Weltkrieg billigten, vielleicht sogar lancierten, und somit einen dritten Weltkrieg riskierten, ist bis heute nicht eindeutig zu klären.[76]

Anders als es China und die Sowjetunion aufgrund der geographischen Lage erwartet hatten, reagierte der Westen ebenso rasch wie knapp zwei Jahre zuvor bei der Belagerung West-Berlins. Ohne auf einen Beschluss des US-Kongress zu warten, informierte Präsident Truman den UN-Sicherheitsrat. Da die Sowjetunion diesen skurrilerweise gerade aufgrund der Nichtberücksichtigung von China boykottierte (China forderte einen dauerhaften Sitz im Sicherheitsrat), konnte bereits am 27. Juni, also schon zwei Tage nach Kriegsbeginn, ein Mandat für einen Einsatz ausgestellt werden, welcher später von vielen anderen Staaten mitgetragen wurde.[77]

Dieses Mandat aber beeinflusste den Krieg zuerst nicht. In den ersten Monaten bis zum August 1950 überrannte der Norden den Süden fast vollständig. Auf beiden Seiten ereigneten sich während des Angriffs unfassbare Gräueltaten an den gegnerischen Soldaten und an der Zivilbevölkerung.[78] In den darauffolgenden Wochen wurden die UN-Truppen immer weiter gen Süden zurückgedrängt, wo man schließlich nur noch den Brückenkopf von Pusan halten konnte.[79]

Am 15. September 1950 startete der Süden (Südkoreanische Armee und UN-Truppen) dann unter General MacArthur in der Nähe der Hauptstadt Seoul die Invasion bei Incheon (*Operation Chromite*)[80], bei der es unter großem Materialeinsatz nicht nur gelang, die nordkoreanische Armee

---

[72] *Stöver*, Geschichte des Koreakriegs, S. 49.
[73] *Kleßmann; Stöver*, Koreakrieg, S. 12.
[74] Vgl. *Stöver*, Geschichte des Koreakriegs, S. 49.
[75] Vgl. *Kleßmann; Stöver*, Koreakrieg, S. 12.
[76] Ebd.
[77] Vgl. *Stöver*, Geschichte des Koreakriegs, S. 64.
[78] Vgl. *Stöver*, Geschichte des Koreakriegs, S. 71.
[79] Vgl. *Kleßmann; Stöver*, Koreakrieg, S. 14.
[80] Vgl. *Stöver*, Geschichte des Koreakriegs, S. 78.

(dabei ist die sowjetische und chinesische Militärunterstützung immer im Hinterkopf zu behalten) zurückzudrängen, sondern auch erstmals die Grenze zum Norden zu überschreiten. Diese Invasion war genauso wie die nordkoreanische zuvor begleitet von ungeheuren Kriegsverbrechen auf beiden Seiten. So richteten die Nordkoreaner 5000 Südkoreaner in Daejon hin, woraufhin sich die Südkoreaner rächten indem sie angebliche Kollaborateure erschossen.[81] Am 19. Oktober 1950 schließlich fiel die nordkoreanische Hauptstadt Pjöngjang und die UN-Truppen konnten in Folge dessen sogar bis zum 20. November 1950 zur chinesischen Grenze vordringen. Innerhalb von fünf Monaten hatte sich der Kriegsverlauf komplett auf den Kopf gestellt, was vor allem daran lag, dass die ankommenden UN-Truppen mittelschwere und schwere Panzer auf südkoreanischer Seite in den Krieg brachten und so die Armee Südkoreas und der UN militärisch die Oberhand gewann.[82]

Auf die amerikanische Politik wird an dieser Stelle nur in aller Kürze eingegangen. Die Überschreitung der Grenze des 38. Breitengrades bedeutete den Übergang von der Eindämmungspolitik (Containment Policy) zur Befreiungspolitik (Liberation Policy), wobei letztere vom amerikanischen Oberbefehlshaber MacArthur befürwortet wurde.[83] Die Ansicht, dass hinter der Invasion auf Nordkorea eher die Befreiungspolitik stand, wurde nicht nur durch frühere Aussagen MacArthurs, sondern auch Darlegungen der US-Position bei der UNO belegt.[84] Der amerikanische Botschafter bei den Vereinten Nationen in New York, Warren Austin, sagte einen Tag vor der Überschreitung der Demarkationslinie, dass die USA davon ausgingen, dass diese weder „de jure noch de facto eine Existenzberechtigung habe, Nordkorea als Staat also gar nicht existiere"[85], weswegen folgerichtig die Entscheidung der UNO über ein Mandat nicht mehr abgewartet wurde.[86]

Eine große Sorge während des Koreakrieges stellten die Atomwaffen dar. Ende August 1949 hatten die Sowjets ihre erste eigene Bombe gezündet. Zwar waren die Amerikaner den Sowjets weit überlegen (sie waren in der Lage Atomsprengköpfe in Serie zu produzieren) und verfügten 1950 bereits über 700 Atombomben, aber die Gefahr von nuklearen Angriffen beider Seiten war bei dem Konflikt stets präsent.[87] Um eine unkontrollierte Ausweitung zu einem atomaren Konflikt zu vermeiden, entschied sich Präsident Truman zu einer Rückkehr zur Eindämmungspolitik.[88] In der Diskussion der amerikanischen Politik für welche dieser beiden Leitideen, Eindämmung oder Befreiung, man sich entscheiden sollte, waren Demokraten und Republikaner nah beieinander,

---

[81] Vgl. *Kleßmann; Stöver*, Koreakrieg, S. 14.
[82] Vgl. *Stöver*, Geschichte des Koreakriegs, S. 49.
[83] Vgl. *Stöver*, Geschichte des Koreakriegs, S. 81.
[84] Ebd.
[85] *Kleßmann; Stöver*, Koreakrieg, S. 15.
[86] Vgl. *Stöver*, Geschichte des Koreakriegs, S. 82.
[87] Vgl. *Kleßmann; Stöver*, Koreakrieg, S. 15.
[88] Vgl. *Stöver*, Geschichte des Koreakriegs, S. 82.

sodass sich eine Verflechtung zwischen beiden Konzepten abzeichnete.[89]
Als es im November 1950 dann zu einem großangelegten Gegenangriff Nordkoreas unter der Unterstützung von 200.000 „freiwilligen"[90] Chinesen kam, hielt MacArthur den Einsatz von Atomwaffen vor allem gegen China für unvermeidlich, konnte sich aber nicht gegen Truman durchsetzen. In diesem Angriff wurden wiederum die südkoreanischen und UN-Truppen bis zum 38. Breitengrad zurückgedrängt.[91] MacArthur drängte im Zuge dessen immer deutlicher zum Einsatz von Nuklearwaffen. Truman blieb aber bei seiner Position und bekräftigte dieses mit der Absetzung MacArthurs am 11. April 1951.[92] Warum diese Option des atomaren Erstschlags gegen China von den Amerikanern nicht gezogen wurde, wurde im Mai 1951 deutlich, als General Omar Bradley sagte: „Rotchina ist nicht die mächtigste Nation, die die Weltherrschaft anstrebt. Offen gesprochen, nach Meinung der Vereinigten Stabschefs würde uns eine von dieser Annahme ausgehende Strategie in den falschen Krieg hineinziehen – am falsch Ort, zur falschen Zeit und gegen den falschen Feind"[93]. Mit der nichtangesprochenen mächtigsten Nation, die die Weltherrschaft anstrebt ist mit ziemlicher Sicherheit die Sowjetunion gemeint. Auch dieses Zitat verdeutlicht den Respekt, den die Amerikaner vor den Sowjets und einem möglichen Atomkrieg hatten. Im Zuge dieser militärischen Offensive eroberten die nordkoreanisch-chinesischen Streitkräfte bis zum 4. Januar 1951 Seoul zurück.[94] Aufgrund fehlenden chinesischen Nachschubs stabilisierte sich die Front schließlich nach verschiedenen Operationen des Südens (*Punch, Thunderbolt* oder *Ripper*) im Februar 1951 allmählich wieder auf den 38. Breitengrad als Grenze.[95]
Militärisch passierte nach dieser letzten Offensive nur noch wenig. Der Koreakrieg geriet zu einem Stellungskrieg mit hohen Verlusten auf beiden Seiten, ohne dass Raumgewinne zu verzeichnen waren. Die nächste Zeit war geprägt von amerikanischen und sowjetischen Drohgebärden über einen unmittelbar bevorstehenden Atomkrieg.[96] Kurz darauf begannen im Juni 1951 erste Friedenssondierungen, welche sich allerdings über zwei Jahre hinzogen.[97] Am 27. Juni 1953 schließlich war der Koreakrieg beendet. Der Waffenstillstand von Panmunjom verortete die Grenze nach millionenschweren Verlusten und einem zerstörten Land wieder am 38. Breitengrad. Die sogenannte demilitarisierte Zone erinnert bis heute an die Auseinandersetzung und den Kalten Krieg. So ergebnislos der Koreakrieg auch war und so schnell er in Folge der weiteren Kriege des 20. Jahrhunderts in Europa und Amerika in Vergessenheit geriet, so bedeutend waren seine Folgen auf

---

[89] Vgl. *Stöver*, Geschichte des Koreakriegs, S. 83.
[90] *Stöver*, Geschichte des Koreakriegs, S. 80.
[91] Vgl. *Stöver*, Geschichte des Koreakriegs, S. 92.
[92] Vgl. *Kleßmann; Stöver*, Koreakrieg, S. 15.
[93] *Kleßmann; Stöver*, Koreakrieg, S. 16.
[94] Vgl. *Stöver*, Geschichte des Koreakriegs, S. 92.
[95] Vgl. *Stöver*, Geschichte des Koreakriegs, S. 92 f.
[96] Vgl. *Stöver*, Geschichte des Koreakriegs, S. 94.
[97] Vgl. *Kleßmann; Stöver*, Koreakrieg, S. 16.

die gesamte Welt, insbesondere aber auf die Bundesrepublik Deutschland.

4.1. Relevanz für Deutschland als nicht aktiven Teilnehmer:

Dass der Koreakrieg auf die neugegründete Bundesrepublik Deutschland einen so immensen Einfluss gehabt haben soll, erscheint unter dem Gesichtspunkt, dass sie nicht aktiv am Krieg teilnahm (die Bundesrepublik besaß zu dem Zeitpunkt schließlich noch keine Truppen) überraschend.

Der Einfluss des Koreakrieges wird deutlicher, wenn man sich die Parallelität zwischen der Situation auf der koreanischen Halbinsel und auf dem Gebiet Deutschlands nach dem Zweiten Weltkrieg anschaut. Genau wie Deutschland war auch Korea, wenn auch etwas früher, nämlich direkt nach dem Ende des Zweiten Weltkrieges 1945 in den Streit zwischen den beiden Supermächten USA und der Sowjetunion geraten. In Folge dessen wurde Korea genau wie Deutschland in zwei Teile gespalten. Es gab eine sowjetisch geleiteten Nordhälfte (in Deutschland war es der Osten) und eine amerikanisch geleiteten Südhälfte (in Deutschland war es der unter alliierter Besatzung stehende Westen).

Ebenso identisch waren die Pläne der Alliierten bezüglich der Unabhängigkeit und der Souveränität, in welche beide Staaten erst nach einer jahrzehntelangen Treuhänderschaft übergeben werden sollten.[98]

Parallelen lassen sich zudem in der Umgestaltung des koreanischen Nordens und deutschen Ostens nach kommunistischem Vorbild, zum Beispiel durch Bodenreformen[99] erkennen, welche zahlreiche Landbesitzer (in beiden Gebieten als „Großbauern" oder „Großgrundbesitzer" bezeichnet[100]) und Regimekritiker in die Flucht zwangen.[101] Bis Ende 1947, wo Überquerungen des 38. Breitengrades in Korea noch möglich waren, flohen 800.000 Menschen in den Süden, wohingegen es nur 4000 Flüchtlinge in den Norden gab.[102] Eine derartige Entwicklung war auch in Deutschland erkennbar, wo von 1949 bis zum Mauerbau 1961 insgesamt über 2,7 Millionen Menschen aus dem Osten, beziehungsweise der DDR in den Westen flohen.[103]

Sowohl Nordkorea als auch Südkorea beanspruchten nach ihrer Staatsgründung 1948, genau wie

---

[98] Vgl. *Kleßmann; Stöver*, Koreakrieg, S. 8.
[99] Vgl. *Stöver*, Geschichte des Koreakriegs, S. 43.
[100] *Stöver*, Geschichte des Koreakriegs, S. 42.
[101] Vgl. *Kleßmann; Stöver*, Koreakrieg, S. 9.
[102] Vgl. *Stöver*, Geschichte des Koreakriegs, S. 42.
[103] http://www.bundesregierung.de/Content/DE/Magazine/MagazinInfrastrukturNeueLaender/016/Medien/s2-grafik-ddr-fluechtlinge-1949-1961.html (zuletzt besucht am 17.02.2014 um 09:34 Uhr)

die beiden deutschen Staaten nach ihrer Gründung 1949 das Recht auf die Alleinvertretung der Nation für sich und äußerten, „die Wiedervereinigung sei nationale Pflicht"[104].

Beide Länder (Südkorea und Westdeutschland) konnten zudem mit amerikanischen Wirtschaftshilfen rechnen. So erhielt Südkorea im Zeitraum von 1945 bis 1951 rund eine Milliarde US-Dollar Wirtschaftshilfe, Westdeutschland erhielt fast 3,2 Milliarden US-Dollar von 1946 bis Ende 1952. Die USA hatten beide Länder dazu bestimmt, als Sicherung vor dem Kommunismus, also der Sowjetunion zu fungieren, weswegen sie wirtschaftlich gestärkt werden sollten, um sich diesem Einfluss entziehen zu können.

Ähnlich verliefen auch die Verhandlungen in beiden Staaten über eine zufriedenstellende Lösung der Grenzkonflikte sowohl für die USA und die Sowjetunion. Beide blieben für eine sehr lange Zeit – in Korea sogar bis heute – ergebnislos und beide Supermächte gaben sich gegenseitig die Schuld daran.[105] Das Ergebnis war in beiden Staaten dasselbe, nämlich eine Vertiefung der Spaltung und die Konstituierung zweier Staaten auf vormals einem Gebiet.

Aufgrund dieser vielen Parallelen war die Angst in Westdeutschland vor einer sowjetischen Invasion über die DDR, wie sie in Korea vom Norden ausging, nicht verwunderlich. Diese Befürchtung war nicht nur in der Bevölkerung ein zentrales Thema zum Zeitpunkt des Kriegsausbruchs, auch die Bundesregierung um Bundeskanzler Adenauer sorgte sich um die Sicherheit Westdeutschlands. Dieses führte soweit, dass er über 200 Maschinenpistolen anforderte, mit denen das Kanzleramt „im Falle eines kommunistischen Aufstandes" verteidigt werden sollte.[106] Auch die Regierungen der Besatzungsmächte ließen sich einige Monate von dieser Panik anstecken. Ein Telegramm aus Washington sah vor, „sofort wehrfähige Deutsche zusammenzuholen und sie unter Waffen zu stellen".[107] Da selbst die alliierten Regierungen und die Bundesregierung die Option eines sowjetischen Angriffs als möglich ansahen, ist die Furcht in der Bevölkerung, kurz nach dem Zweiten Weltkrieg erneut in einen Krieg involviert zu werden mehr als nachvollziehbar. Die Presse spielte in diesem Zusammenhang eine zentrale Rolle. So stellte die Frankfurter Allgemeine Zeitung in ihrem Kommentar vom 26. Juni 1950 die Parallelität zwischen Korea und Deutschland heraus[108] und folgerte „unnötig zu sagen, daß kein anderes Volk gegenwärtig mit solcher Spannung nach Korea blicken kann wie das deutsche. Das liegt nicht nur daran, daß Deutschland der unmittelbare Nachbar jener gewaltigen östlichen Welt ist, deren äußerste Vorposten gegenwärtig in Korea zum Angriff übergegangen sind. Stärker noch ist der Eindruck einer

---

[104] *Stöver*, Geschichte des Koreakriegs, S. 47.
[105] Vgl. *Kleßmann; Stöver*, Koreakrieg, S. 10.
[106] *Höfner*, Aufrüstung Westdeutschlands, S. 218.
[107] *Höfner*, Aufrüstung Westdeutschlands, S. 219.
[108] Vgl. *Mai*, Sicherheitspolitik, S. 99.

unheimlichen Gleichförmigkeit des russischen Vorgehens in Korea und bei uns."[109] Die Hannoversche Presse titelte am 26. Juni „Probefall Korea"[110] und der Münchner Merkur fragte einen Tag später: „Droht uns ein Korea?" und weiter: „Die koreanischen Sturmzeichen sind auch Warnsignale für uns."[111] Der Rheinische Merkur schrieb am 1. Juli „Machtprobe in Ostasien: In Korea fällt die Entscheidung über unsere Zukunft".[112] Im Zuge dessen forderte die Presse durchgängig die Aufstellung von Truppen oder zumindest eine alliierte Sicherheitsgarantie für die Bundesrepublik. Dieser Tenor zog sich durch Zeitungen aller Regionen oder parteipolitischen Gesinnungen. Auch in den Berichten von Zeitzeugen ist immer wieder über die Angst vor einer sowjetischen Invasion zu lesen. Hermann Graml gibt zu Protokoll, dass sich jeder an den „Schock erinnern [wird], den jene Aggression eines kommunistischen Staates für alle Nationen außerhalb des sowjetischen Imperiums darstellte."[113]

5. Folgen des Koreakrieges:

Auch über diese Parallelitäten hinaus hatte der Koreakrieg eine große Bedeutung für die neu entstandene Bundesrepublik Deutschland, welche sich in zwei thematische Blöcke unterteilen lassen. Zum einen die Auswirkung des Krieges auf die Wiederbewaffnung und den Weg in die NATO der Bundesrepublik und zum anderen die Auswirkungen auf die wirtschaftliche Entwicklung, welche durch eine enge Zusammenarbeit mit den USA geprägt war.

5.1. Auf die sicherheitspolitische Entwicklung, die Wiederbewaffnung und den Weg in die NATO:

Aufgrund dieser beschriebenen Parallelen zwischen Korea und Deutschland und den daraus resultierenden Pressestimmen zum Kriegsbeginn, wird im Folgenden die Relevanz des Koreakrieges für die sicherheitspolitische Entwicklung, die Wiederbewaffnung und den Weg in die NATO erläutert.
Sowohl der Koreakrieg, als auch die deutsche Wiederbewaffnung sind nicht als isolierte, regionale

---

[109] *Mai*, Sicherheitspolitik, S. 100 f.
[110] *Mai*, Sicherheitspolitik, S. 100.
[111] *Mai*, Sicherheitspolitik, S. 101.
[112] Ebd.
[113] *Graml, Hermann,* Die allgemeinen politischen Rückwirkungen der Korea-Krise auf Europa und die Bundesrepublik in: *Carstens, Karl; Wünsche, Horst Friedrich (Hrsg.),* Die Korea-Krise als ordnungspolitische Herausforderung der deutschen Wirtschaftspolitik. Stuttgart u.a. 1986. S. 35.

Ereignisse, sondern beide vor dem Hintergrund der weltpolitischen Ereignisse seit 1945 zu sehen.[114] So gehen die ersten Diskussionen über eine westdeutsche Remilitarisierung zurück ins Jahr 1947, als nach dem Scheitern der Außenministerkonferenzen der vier Großmächte, vor allem die USA und Großbritannien über diese Möglichkeit nachdachten.[115] Die erste erfolgreiche Explosion einer sowjetischen Atombombe im Herbst 1949, welche die NATO-Strategie der atomaren Abschreckung der USA komplett in Frage stellte, und die Gründung der Volksrepublik China im Oktober 1949 ließen zudem über eine westdeutsche Militarisierung nachdenken. Durch das atomare Patt trat die konventionelle Rüstung wieder in den Vordergrund, wo der Osten dem Westen deutlich überlegen war.[116] Seit Beginn der öffentlichen Aufrüstungsdebatte wurde, vor allem von konservativer Seite, die Unvermeidlichkeit der Aufrüstung stets mit dem Argument „Bedrohung vor einer sowjetisch-kommunistischen" Invasion legitimiert.[117]

In der Vorbereitungszeit zu einem Wechsel in der Außenpolitik, in welchem von amerikanischer und auch von britischer Seite die Aufrüstung der Bundesrepublik vorgesehen war,[118] kam es schließlich Mitte Juni 1950 zum Ausbruch des Koreakrieges. Der Kriegsbeginn kam sehr überraschend und hatte eine ebenso heftige Reaktion der Öffentlichkeit und der Regierungen des Westens zur Folge[119]. Ein Umwerfen der bisherigen Politik erschien möglich, wenn nicht sogar notwendig. Die Sowjetunion war durch die Einleitung der Ära der Stellvertreterkriege bereit, jene geografischen Linien mit militärischer Kraft zu überschreiten, die zu politischen Linien zwischen den beiden Großmächten geworden waren. Die Bundesrepublik musste ähnliches befürchten.

Durch den Kriegsausbruch, die Zündung der sowjetischen Atombombe und der Gründung der Volksrepublik China vollzog sich eine Änderung in der amerikanischen Außenpolitik, welche zwei Ziele im Blick hatte: Die Militarisierung Westeuropas und die eigene atomare Aufrüstung.[120]

Der wichtigste Zeitraum für die deutsche Aufrüstung war die Phase direkt nach dem Ausbruch des Krieges von Juni 1950 bis Herbst 1950. Diese Zeit war der Höhepunkt der westlichen Debatte über Notwendigkeit, Zweckmäßigkeit und Form einer westdeutschen Remilitarisierung.[121]

Westdeutschland war für die Alliierten wie schon mehrfach erwähnt wichtig als Puffer vor dem Osten. So gab es direkt nach dem Ausbruch des Koreakrieges auch eine amerikanische Aufforderung zur Aufstellung deutscher Verbände, welcher Deutschland nicht nachkommen konnte[122], da die nötigen Grundlagen fehlten. Eigene deutsche Vorplanungen zur Rüstung waren in

---

[114] Vgl. *Mai*, Sicherheitspolitik, S. 171.
[115] Ebd.
[116] Vgl. *Mai*, Sicherheitspolitik, S. 171 f.
[117] *Höfner*, Aufrüstung Westdeutschlands, S. 13.
[118] Vgl. *Mai*, Sicherheitspolitik, S. 172.
[119] Vgl. Gliederungspunkt 4.1.
[120] Vgl. *Goschler, Constantin; Graf, Rüdiger*, Europäische Zeitgeschichte seit 1945. Berlin 2010, S. 46.
[121] Vgl. *Mai*, Sicherheitspolitik, S. 174 f.
[122] Vgl. *Höfner*, Aufrüstung Westdeutschlands, S. 220.

Deutschland seit 1947/48 illegal und mit hohen Strafen belastet, da die Alliierten über Zeitpunkt und Umfang der Remilitarisierung entscheiden wollten.[123] Weiterhin existierte kein zur Einberufung notwendiges Personalamt. Die Probleme konnten aber recht zügig aus dem Weg geräumt werden und so konnte auch bei der unter alliierter Kontrolle stehenden Wehrmachtsauskunftstelle die Informationen über die Anzahl von wehrtauglichen kriegsgedienten Soldaten eingeholt werden. Das erste deutsche Kontingent zur Verteidigung Westeuropas sollte als Tarnung über den *Bund der Versorgungsberechtigten Wehrmachtsangehörigen und ihrer Hinterbliebenen* (BvW) laufen.[124] Verantwortlich für die Aufstellung der Soldaten zeigte sich Gerhard Graf von Schwerin. Dieser stand in ständiger Verbindung zu den Alliierten über Ablauf und Form der Aufstellung deutscher Truppen. Die Alliierten stellten Graf von Schwerin eine Auflistung über denkbare westdeutsche Maßnahmen im Falle einer Invasion zusammen. Genannt wurden das Anlegen von Sperrlinien, das Verbarrikadieren von unzugänglichen Wald-, Sumpf- oder Gebirgsgegenden und die Aufforderung, die deutschen Soldaten mögen sich im Falle einer Invasion zunächst den alliierten Truppen anschließen, wenn keine deutschen Kampfverbände zur Verfügung stehen.[125]

Hochkommissar McCloy äußerte am 24. Juli 1950: „Im Notfall dürfe man den Deutschen nicht das Recht auf Selbstverteidigung verwehren."[126] Die genaue Definition von *Notfall* ist hier allerdings unklar. Ist damit bereits der Koreakrieg gemeint oder erst eine sowjetische Invasion? Deutlich wird allerdings, dass die Amerikaner den Deutschen in der Frage nach der Wiederaufrüstung mehr Zugeständnisse machten als Großbritannien, vor allem aber als Frankreich, welche Deutschland schon durch die Besatzungstruppen an der Verteidigung Westeuropas beteiligt sahen. Sie schlossen eine deutsche Nationalarmee demnach aus. Gunther Mai äußert, dass es durch die zugestandenen Parallelen zwischen Deutschland und Korea nur eine Frage der Zeit war, bis einer Aufrüstung zur Selbstverteidigung stattgegeben wird.[127]

Ende September 1950 kam es erstmals zu Waffenlieferungen von den Alliierten, als Resultat erster vielversprechender Verhandlungen und Unterhaltung zwischen den USA und Westdeutschland über eine möglichst unauffällige Aufrüstung, um Frankreich nicht zu verärgern.[128] Ziel aller Bemühungen war die Aufstellung eines möglichst großen Beitrages der Bundesrepublik zur Verteidigung Westeuropas. Frankreich hingegen übte Kritik an der schnellen Hochrüstung der Bundespolizeiverbände.[129]

Bereits am 23. September 1950 gaben die Alliierten bei einem Treffen der drei Außenminister der

---

[123] Vgl. *Höfner*, Aufrüstung Westdeutschlands, S. 11.
[124] Vgl. *Höfner*, Aufrüstung Westdeutschlands, S. 222.
[125] Vgl. *Höfner*, Aufrüstung Westdeutschlands, S. 223.
[126] *Mai*, Sicherheitspolitik, S. 174.
[127] Vgl. *Mai*, Sicherheitspolitik, S. 175.
[128] Vgl. *Höfner*, Aufrüstung Westdeutschlands, S. 225.
[129] Vgl. *Höfner*, Aufrüstung Westdeutschlands, S. 226.

Besatzungsmächte sowie dem NATO-Rat in New York zu Protokoll, dass sie jeden Angriff auf die Bundesrepublik Deutschland oder West-Berlin, als einen gegen sie selbst gerichteten Angriff ansehen werden.[130] Man sprach den Deutschen also fünf Jahre nach Kriegsende eine vollständige Garantie für die äußere Sicherheit zu und bestätigte den Alleinvertretungsanspruch der Bundesrepublik für das gesamte deutsche Volk.[131] Die weitere westdeutsche Wiederaufrüstung schien durch die Bedrohung eines dritten Weltkrieges in Form einer sowjetischen Invasion bereits beschlossen, als sich die Lage auf deutschem Gebiet etwas entspannte, da die alliierten und deutschen Nachrichtendienste Anzeichen für eine defensive Gliederung der sowjetischen Streitkräfte in Ostdeutschland vermeldeten.[132] Die Frage der Aufrüstung war zu diesem Zeitpunkt aber noch nicht definitiv geregelt. Durch diese Meldungen wurde auch die Kritik an einer westdeutschen Aufrüstung, vor allem von Frankreich, wieder lauter, welches auf den New Yorker September Konferenzen trotz der drohenden Invasionsgefahr eine westdeutsche Aufrüstung immer noch blockierte. So war das Ergebnis nur der Aufbau einer mobilen westdeutschen Polizeitruppe auf Länderebene und die Verstärkung der Besatzungstruppen.[133] Frankreich war auch in den *heißen* Monaten Juli, August und September nicht bereit gewesen, Deutschland militärisch zu unterstützen, da es aus ihrer Sicht „die russische Invasion nur beschleunigen würde"[134], wenn die Bundesrepublik aufrüstet. Allerdings zeigte sich schon hier auf den ersten Konferenzen nach dem Koreakrieg, wie isoliert die Franzosen mit ihrer Meinung waren und dass es nur eine Frage der Zeit war, bis man Deutschland gestattete, selbst wiederaufzurüsten um die europäische Verteidigung zu unterstützen.[135] Deutlich wird aber das immer noch sehr große Misstrauen Frankreichs vor dem langjährigen Erzfeind Deutschland, welches auch die Politik der beiden Staaten untereinander in den nächsten Jahren prägen sollte.

Adenauer hingegen wollte keine eigene große westdeutsche Armee,[136] sondern vielmehr alliierte Streitkräfte auf bundesdeutschem Gebiet, welche ihm keinen Ärger machten, da er mit Blick auf Frankreich vermutete, dass ein Beharren auf einer eigenen Armee der Westintegration nur hinderlich sei, oder sogar französische Kompensationsforderungen nach sich ziehen könnte.[137]

In der Zeit zwischen dem 5. und 9. Oktober 1950 traf sich ein Kreis von Militärexperten im Kloster Himmerod um über das weitere Vorgehen einer westdeutschen Aufrüstung zu beraten. Kanzler Adenauer hatte General Speidel bereits im Juni beauftragt, eine „Studie über die

---

[130] Vgl. *Höfner*, Aufrüstung Westdeutschlands, S. 228.
[131] Vgl. *Thomas, Siegfried,* Der Weg in die NATO. Frankfurt am Main 1978, S. 167.
[132] Vgl. *Höfner*, Aufrüstung Westdeutschlands, S. 230.
[133] Vgl. *Thomas*, Weg in die NATO, S. 167.
[134] *Höfner*, Aufrüstung Westdeutschlands, S. 230.
[135] Vgl. *Thomas*, Weg in die NATO, S. 167.
[136] Vgl. *Höfner*, Aufrüstung Westdeutschlands, S. 230.
[137] Vgl. *Höfner*, Aufrüstung Westdeutschlands, S. 231.

Wiederbewaffnungsfrage"[138] anzufertigen. Das Ergebnis, die *Himmeroder Denkschrift*, beinhaltete Forderungen und Voraussetzung der Remilitarisierung, eine Grundkonzeption der Armee sowie Ausrüstung und Stärke der Truppen. Die Denkschrift bildete für die Bundesregierung den Plan für die Verhandlungen über eine Wiederaufrüstung, welchen es in den nächsten Verhandlungen zu vertreten galt.[139]

Am 24. Oktober 1950 gab es einen französischen Vorschlag für eine Europa-Armee unter dem Kommando eines europäischen Verteidigungsministers, genannt Pleven-Plan nach dem damaligen französischen Außenminister René Pleven. Der Plan war eine Weiterentwicklung des Schuman-Plans, welcher im Frühjahr 1950 eine Zusammenlegung der deutschen und französischen Kohle- und Stahlproduktion vorsah. Der Pleven-Plan barg enorme Nachteile für die Bundesrepublik, da er vor allem darauf ausgelegt war, die Aufrüstung der Bundesrepublik zu verhindern. Der Pleven-Plan lässt sich daher auch als Gegenkonzept zur selbstständigen westdeutschen Aufrüstung bezeichnen, „durch das der Bundesrepublik der direkte Zugang zur NATO und damit zu dem für die Verteidigung Westeuropas entscheidenden Bündnis verwehrt werden sollte"[140]. Aber Adenauer stimmte dem Pleven-Plan zu, da er trotz der „Diskriminierung"[141] Deutschlands das grundsätzliche Ja Frankreichs zur Wiederbewaffnung, auch wenn es nur für europäische Streitkräfte galt, als positiv ansah. Frankreich wollte Westdeutschlands Aufrüstung trotz der Befürwortung seitens der USA kontrollieren, sowie den bundesdeutschen Beitritt zur NATO verhindern. Dass wird auch in Aussagen Robert Schumans vor dem NATO-Rat deutlich, vor dem er äußerte, dass „Deutschland […] einer speziellen Art von ‚containment' unterworfen werden müsse", wofür sich die NATO nicht eigne.[142] In dieser Debatte wird das angespannte Verhältnis zwischen Deutschland und Frankreich mehr als deutlich.

Adenauer zeigte sich in dieser Zeit sehr reaktionär, wenngleich das amerikanische Interesse an der Militarisierung Westeuropas eine westdeutsche Aufrüstung in greifbare Nähe brachte. Obwohl klar wird, dass ihm das Vertrauen des Westens wichtiger war als die Aufrüstung des Landes, wird sein Ziel in der Debatte nie ganz deutlich. Adenauers Aussagen widersprachen sich häufig mit denen seiner Mitarbeiter (zum Beispiel denen Graf von Schwerins), welche die Geheimgespräche leiteten.[143] Die europäische und globale Angst einer sowjetischen Invasion auf die Bundesrepublik wusste er nicht zu seinem Vorteil auszunutzen. Mit Fug und Recht kann man behaupten: „Die

---

[138] *Thomas*, Weg in die NATO, S. 168.
[139] Vgl. *Thomas*, Weg in die NATO, S. 168 f.
[140] *Meier-Dörnberg, Wilhelm*, Die Europäische Verteidigungsgemeinschaft in: *Fischer, Alexander (Hrsg.)*, Wiederbewaffnung in Deutschland nach 1945. Berlin 1986. S. 82.
[141] *Thomas*, Weg in die NATO, S. 171.
[142] *Meier-Dörnberg*, Europäische Verteidigungsgemeinschaft in: *Fischer*, Wiederbewaffnung, S. 82.
[143] Vgl. *Höfner*, Aufrüstung Westdeutschlands, S. 233 f.

Besatzungsmächte der Alliierten hatten damals in Deutschland das Sagen."[144]

Die Diskussion über die Frage nach Wiederaufrüstung gegen Wiedervereinigung spielte in den Debatten kurz nach Kriegsausbruch keine Rolle. Die Verbindung dieser beiden Aspekte, welche sich laut Heinemann im Weg standen, wurde erst später durch die Wiedervereinigungs-Initiative Grotewohls im November 1950 geschaffen.[145]

Die Zeit zu Beginn des Jahres 1951 war geprägt von innenpolitischen Problemen. Da die CDU-geführte Bundesregierung die Grundsatzentscheidung zur Remilitarisierung gegen den Willen des Großteils des Volkes getroffen hatte, wurden die Christdemokraten auf Landtagswahlen mit teils herben Stimmverlusten bedacht. Deutlich wird diese Haltung der Bürger auch in einer wachsenden Volksbewegung gegen die Wiederaufrüstung, die sich zum Beispiel durch Protestkundgebungen artikulierte.[146] Das deutsche Volk wollte sich so kurz nach dem Ende des zerstörerischen Zweiten Weltkrieges nicht erneut mit dem Thema der Aufrüstung beschäftigen, obgleich die Angst vor der Invasion auch Stimmen lauter werden ließ, die die Remilitarisierung zur Verteidigung forderten. Am 6. März 1951 wurde eine Revision der Alliierten Hohen Kommission bekannt gegeben, dass die Bundesrepublik nun die Vollmacht habe, ihre diplomatischen Beziehungen selbst zu führen.[147] Dementsprechend wurde in Bonn auch das Auswärtige Amt errichtet, in welchem interessanterweise Konrad Adenauer am 15. März 1951 den Posten des Außenministers übernahm und so seine Machtposition innerhalb Deutschlands stärkte. Durch das Errichten des Außenministeriums war ein wichtiger Schritt zur internationalen Anerkennung und politischen Souveränität der Bundesrepublik getan, da nun auch mit dem Aufbau von Auslandsvertretungen und diplomatischen Beziehungen mit anderen Ländern begonnen werden konnte.[148] Diese ganzen Konferenzen und Ereignisse geschahen in gerade einmal neun Monaten nach dem Ausbruch des Koreakrieges, was seinen Einfluss auf die transnationale Zusammenarbeit unübersehbar macht.

In der Folgezeit versuchte sich die Bundesrepublik in Wiedergutmachung. Nach der Anerkennung der Auslandsschulden wurden im Verlauf des Jahres 1952 auf einer Konferenz in London die Höhe und die Art der Rückzahlung beschlossen. Zudem wurde im September 1951 die Bereitschaft zur Erarbeitung eines ersten Wiedergutmachungsabkommens mit Israel beschlossen, welches am 10. September 1952 unterzeichnet wurde.[149] Die Unterzeichnung des Vertrages über die Europäische Gemeinschaft für Kohle und Stahl (EGKS, auch Montanunion genannt) am 18. April 1951 förderte genau wie der Beitritt zum Allgemeinen Zoll- und Handelsabkommen (GATT)[150] drei Tage später

---

[144] *Höfner*, Aufrüstung Westdeutschlands, S. 235.
[145] Vgl. *Mai*, Sicherheitspolitik, S. 176.
[146] Vgl. *Thomas*, Weg in die NATO, S. 199.
[147] Ebd.
[148] Vgl. *Thomas*, Weg in die NATO, S. 204.
[149] Vgl. *Thomas*, Weg in die NATO, S. 201.
[150] Vgl. *Thomas*, Weg in die NATO, S. 206.

die Einbindung Westdeutschlands in das europäische Bündnis.

Am 27. Mai 1952 wurde in Paris der Vertrag über die Gründung der Europäischen Verteidigungsgemeinschaft (EVG) unterschrieben, welcher seinen Ursprung in dem Pleven-Plan vom Herbst 1950 hatte. Die Mitglieder waren Frankreich, die Niederlande, Belgien, Luxemburg, Italien und die Bundesrepublik Deutschland.[151] Das Ziel der EVG war die Schaffung einer europäischen Armee und damit auch die Förderung der europäischen Einheit, das Ziel der Bundesrepublik war die Wiederbewaffnung und vor allem das Ende des Besatzungsstatuts.[152] Obwohl oft Sympathie für den europäischen Gedanken beteuert wurde, der aufgrund der supranationalen europäischen Streitkräfte auch ohne historisches Vorbild war, erreichte die EVG nie eine große Popularität. Die einzelnen Divisionen sollten zu einer einzelnen „verschmelzen"[153] und einem Oberbefehlshaber der NATO unterstellt werden, durchgesetzt wurde schließlich ein Kommissariat mit neun Mitgliedern aller Mitgliedsstaaten. Der symbolträchtige Vertrag (Die Laufzeit betrug 50 Jahre) wurde zudem durch ein Beistandssystem mit der NATO und Großbritannien bezüglich Hilfsverpflichtungen ergänzt. Die Aufgaben reichten aber mit Organisation, Ausbildung, Verwaltung, Ausrüstung und Finanzierung weit über militärische Belange hinaus, sodass es eher eine gemeinsame europäische Politik verlangte. Aufgrund dessen legte man in Artikel 38 die spätere Umbildung der EVG in ein bundesstaatliches oder staatenbündisches Gemeinwesen fest,[154] in welchem Befürworter eine Vorstufe zu der heutigen europäischen Union sehen. Eine Umbildung in der französischen Regierung ließ im Januar 1953 die Kritiker an der EVG innerhalb Frankreichs zunehmen, welche sagten, dass der EVG-Vertrag aufgrund der vielen Zugeständnisse an die Briten und Amerikaner nur noch wenig mit dem Pleven-Plan gemein hätte. Er sei „eine Karikatur des alten Vorschlags"[155], da er deutsche Divisionen und eine deutsche Verteidigungsbehörde zulasse. Es war daher, und auch durch starke Kritik des Militärs, immer schwerer im französischen Parlament eine Mehrheit für die Ratifizierung des Vertrages zu finden. Das Dilemma war, dass der Pleven-Plan für NATO und die Bundesrepublik (trotz des Ja von Adenauer) nicht annehmbar war und der EVG-Vertrag war für Frankreich nicht annehmbar.[156] Der EVG Vertrag wurde zwar am 27. Mai 1952 unterschrieben, allerdings nicht in der französischen Nationalversammlung ratifiziert.

Der Vorteil, welchen die Bundesrepublik durch den EVG-Vertrag erhielt, war in Artikel 2 beschrieben. Dieser legte fest, dass die Gemeinschaft ausschließlich der Verteidigung zu dienen habe und jedem angegriffenen Mitgliedsstaat der volle Beistand sowohl der Gemeinschaft als auch

---

[151] Vgl. *Meier-Dörnberg*, Europäische Verteidigungsgemeinschaft in: *Fischer*, Wiederbewaffnung, S. 79.
[152] Ebd.
[153] *Meier-Dörnberg*, Europäische Verteidigungsgemeinschaft in: *Fischer*, Wiederbewaffnung, S. 80.
[154] Vgl. *Meier-Dörnberg*, Europäische Verteidigungsgemeinschaft in: *Fischer*, Wiederbewaffnung, S. 81.
[155] *Meier-Dörnberg*, Europäische Verteidigungsgemeinschaft in: *Fischer*, Wiederbewaffnung, S. 85.
[156] Vgl. *Meier-Dörnberg*, Europäische Verteidigungsgemeinschaft in: *Fischer*, Wiederbewaffnung, S. 86.

der Vertragsstaaten im Einzelnen zu leisten sei.[157] Das sicherte Deutschland zum einen vor einer sowjetischen Invasion ab, und verwandelte es gleichzeitig von einem besiegten Land ohne weitreichende Rechte in einen engen Verbündeten der Mitgliedsstaaten.

Frankreich beanspruchte für sich die politische Führung der Gemeinschaft. So plante man mit 18 französischen, 16 italienischen, 12 deutschen, 5 niederländischen, und 6 belgischen beziehungsweise luxemburgischen Divisionen.[158]

Da dem französischen Militär schnell bewusst wurde, dass es seine Kräfte übertraf, die größte Division zu stellen und gleichzeitig für die französischen Überseeterritorien einzutreten, drängte es die französische Regierung zum Revidieren des Vertrags.[159] Zudem gab es Unklarheiten über die Aufstellung der Divisionen, da vor allem Deutschland auf amerikanische Lieferungen für die Aufrüstung angewiesen war. Die Einhaltung der Aufstellungsfrist von zwei Jahren schien utopisch. Ab Februar 1953 legte Frankreich auf wachsenden innenpolitischen Druck Zusatzprotokolle vor, welche den Vertrag in seiner Substanz schwächten und die Zerstörung des Bündnisses endgültig einleitete. Deutschland stimmte diesen Zusatzprotokollen auch deshalb nicht zu, weil diese auf eine französische Sonderstellung, also das Stellen des größten Kontingents, hinausliefen.[160] Da die Protokolle auf Ablehnung stießen, lenkte Frankreich zunächst ein. Im Sommer 1953 mehrte sich der Widerstand in der französischen Bevölkerung über den EVG-Vertrag und ein letzter Modifizierungsversuch durch Mendès-France auf einer Ministerkonferenz im August 1953 scheiterte daraufhin. Damit war das Ende der EVG endgültig besiegelt. Der europäische Gedanke war noch nicht greifbar, die Idee vielleicht zu revolutionär. Am 30. August 1954 scheiterte die EVG schließlich bei der Abstimmung in der französischen Nationalversammlung.[161]

Die nahe Zukunft sollte aber zeigen, dass erst das Scheitern der EVG den weiteren Ausbau der NATO und schließlich auch die Aufnahme der Bundesrepublik (was Frankreich durch die EVG eigentlich zu verhindern ersuchte) und damit auch die Wiederbewaffnung ermöglichte.

Der nächste Schritt auf dem bundesdeutschen Weg zur Wiederaufrüstung und in die NATO ist die Londoner Neunmächtekonferenz, welche vom 28. September bis 3. Oktober 1954 stattfand. Ziel der Konferenz, welche auf Einladung des britischen Botschafters stattfand, war die Integration der Bundesrepublik Deutschland in das westliche Militärbündnis.

Die Forderungen Frankreichs nach Rüstungskontrolle hatten harte Verhandlungen zur Folge, in welchen Adenauer schließlich einlenkte um nicht den Abschluss des ganzen Vertragswerkes zu riskieren. Er unterzeichnete eine Verzichtserklärung für ABC-Waffen sowie für Raketen,

---

[157] Vgl. *Meier-Dörnberg*, Europäische Verteidigungsgemeinschaft in: *Fischer*, Wiederbewaffnung, S. 86.
[158] *Meier-Dörnberg*, Europäische Verteidigungsgemeinschaft in: *Fischer*, Wiederbewaffnung, S. 88.
[159] Ebd.
[160] Vgl. *Meier-Dörnberg*, Europäische Verteidigungsgemeinschaft in: *Fischer*, Wiederbewaffnung, S. 90.
[161] Vgl. *Meier-Dörnberg*, Europäische Verteidigungsgemeinschaft in: *Fischer*, Wiederbewaffnung, S. 79.

Kriegsschiffe und Bombenflugzeuge in einer bestimmten Größenordnung, zudem wurde die Größe der Armee auf 500.000 Mann beschränkt.[162] Dadurch stand am Ende der Konferenz fest, dass die anderen Teilnehmer (Großbritannien, Frankreich, Italien, die Niederlande, Belgien, Luxemburg, USA, Kanada) der Bundesrepublik den Beitritt zur NATO gestatteten, zudem das Besatzungsstatut aufhoben und sie als Sprecher für Gesamtdeutschland ansahen.

Weiterhin wurde Deutschland und Italien der Beitritt zum Brüsseler Vertrag, einem Militärbündnis zwischen Frankreich, Großbritannien, Belgien, den Niederlanden und Luxemburg vom 17. März 1948 eröffnet, welcher sich später zur Westeuropäischen Union, dem Nachfolger der EVG entwickelte. Die Bundesrepublik verpflichtete sich, die Charta der Vereinten Nationen anzuerkennen und auch bei der Frage der Wiedervereinigung auf jegliche Gewalt zu verzichten, woraufhin die Alliierten zusicherten, das Besatzungsstatut bald zu beenden.[163] Außerdem sicherten die USA, Kanada und Großbritannien Deutschland Truppen zur Sicherung vor der Sowjetunion zu.

Die Londoner Neunmächtekonferenz war - in Bezug auf die Westintegration - mit den Zugeständnissen der Alliierten und der Zusage zur Einbindung in die NATO vielleicht die wichtigste Konferenz für Deutschland nach dem Zweiten Weltkrieg.

Bundeskanzler Konrad Adenauer verkündete am 5. Oktober 1954, dass die Krise in der „westlichen Gemeinschaft" nunmehr überwunden sei,[164] sodass die Koalitionsmehrheit im Folgenden dem Londoner Vertragswerk zustimmte. Die aus der parlamentarischen Opposition agierende SPD lehnte den Vertrag der Konferenz ab, da sie in dem Beitritt zur NATO und in der Wiederaufrüstung die Ablehnung der Wiedervereinigung sah, welche aber eigentlich schon seit mehreren Jahren utopisch war.[165]

Vom 19. bis 23. Oktober 1954 fanden dann vier verschiedene Pariser Konferenzen statt.[166] Auf der ersten gab es Verhandlungen zwischen der Bundesrepublik und Frankreich um die Saarfrage. Die zweite war eine Viermächtekonferenz zwischen den USA, Großbritannien, Frankreich und Deutschland über die Ablösung des Besatzungsregimes und die Herstellung der vollen Souveränität der Bundesrepublik. Drittens eine Neunmächtekonferenz (wie die in London) über die Einbeziehung von Italien oder Deutschland in den Brüsseler Pakt und zuletzt eine vierte Konferenz mit allen fünfzehn NATO-Staaten und der Bundesrepublik über die Aufnahme in das Bündnis.[167] Am 23. Oktober 1954 erfolgte die Unterzeichnung der Ergebnisse von den Außenministern der Teilnehmerstaaten. Die Ergebnisse hatten im Detail folgende Auswirkungen auf die Bundesrepublik: Zum einen die gleichberechtigte Aufnahme in die NATO und die Aufnahme in die Westeuropäische

---

[162] Vgl. *Thomas*, Weg in die NATO, S. 306.
[163] Ebd.
[164] Ebd.
[165] Vgl. *Mai*, Sicherheitspolitik, S. 173.
[166] Vgl. *Thomas*, Weg in die NATO, S. 306.
[167] Vgl. *Thomas*, Weg in die NATO, S. 307.

Union (die WEU war ein Kompromiss zwischen USA, Frankreich und Großbritannien und die von britischer Seite vorgeschlagene Ersatzlösung zur EVG). Zweitens Rüstungskontrolle: Die Bundesrepublik verpflichtete sich zur Übernahme der bereits erläuterten Beschränkungen der Rüstungskapazität und dem Verbot der Produktion von ABC-Waffen (allerdings durften auf deutschem Territorium Waffen stationiert, im Ausland produziert und Streitkräfte damit ausgerüstet werden, was in der zweiten Hälfte der 1950er Jahren auch passierte[168]). Ein drittes Ergebnis der Pariser Verträge war der Deutschlandvertrag (*Vertrag über die Beziehung der Bundesrepublik Deutschland und den Drei Mächten*) mit dem Ziel, das Besatzungsstatut zu beenden und Deutschland die volle Souveränität zu gestatten. Artikel 1 des Deutschlandvertrages besagte: „Die Bundesrepublik Deutschland wird demgemäß die volle Macht eines souveränen Staates über ihre inneren und äußeren Angelegenheiten haben". Artikel 2 relativierte aber: Die Westmächte behalten sich „die bisher von ihnen ausgeübten oder innegehabten Rechte und Verantwortlichkeiten in Bezug auf Berlin und auf Deutschland als Ganzes einschließlich der Wiedervereinigung Deutschlands und einer friedensvertraglichen Lösung" vor.[169] Insgesamt erhielt die Bundesrepublik aber zahlreiche Freiheiten, wobei man aber vertraglich immer noch eng an die USA gebunden war. Zudem wurde die Festlegung der Grenzen aufgeschoben, da man ein vereintes Deutschland weiterhin als Ziel hatte. Auf der Londoner Neunmächtekonferenz wurde weiterhin von den Teilnehmern bekräftigt, „dass sie die Regierung der Bundesrepublik Deutschland als die einzige deutsche Regierung betrachten, die frei und rechtmäßig gebildet wurde und daher berechtigt ist, für Deutschland als Vertreter des deutschen Volkes in internationalen Angelegenheiten zu sprechen".[170] Dieses wurde in Paris auch von den anderen NATO Mitgliedsstaaten unterzeichnet, wobei die Bundesrepublik versichern musste, die Wiedervereinigung nicht militärisch zu erzwingen und auch keinen Krieg gegen andere Staaten zu führen.[171] Weiterhin wurde das mit Frankreich ausgehandelte Saarstatut (welches im Wesentlichen eine Europäisierung der Saar vorsah) anerkannt. Beide Vertragspartner wollten durch die Verhandlungen um die Saar nicht das ganze Vertragswerk platzen lassen, sodass man sich am Ende auf einen Kompromiss einigte.[172]

Am 26. und 27. Februar 1955 wurden die Pariser Verträge im Bundestag ratifiziert, welche dann am 5. Mai 1955 in Kraft traten. Am 18. März 1955 folgte die Zustimmung des Bundesrates zum Deutschlandvertrag.[173] Am 9. Mai 1955 kam es schließlich zum lange ersehnten NATO Beitritt der Bundesrepublik. Theodor Blank, CDU, wurde erster deutscher Verteidigungsminister. Am 10. Oktober 1955 schließlich ernannte Bundespräsident Theodor Heuss die ersten Soldaten der neuen

---

[168] Vgl. *Thomas*, Weg in die NATO, S. 308 f.
[169] *Thomas*, Weg in die NATO, S. 309 f.
[170] *Thomas*, Weg in die NATO, S. 311.
[171] Ebd.
[172] Vgl. *Thomas*, Weg in die NATO, S. 312.
[173] Vgl. *Thomas*, Weg in die NATO, S. 330.

deutschen Streitkräfte, was mit der Vereidigung der ersten 101 Freiwilligen am 12. November 1955 als Geburtsstunde der Bundeswehr zu bezeichnen ist.

Die Pariser Verträge waren für die Bundesrepublik Deutschland der erfolgreiche Abschluss zahlreicher Verhandlungen auf zahlreichen Konferenzen seit Beginn des Koreakrieges um eine Aufnahme in die NATO und die Wiedererlangung politischer Souveränität. Die Pariser Verträge forcierten aber auch eindeutig die Ost-West-Spaltung und verschärften durch die Aufnahme der Bundesrepublik den antisowjetischen Tenor der NATO, was die Gefahr von kriegerischen Auseinandersetzungen sicherlich nicht reduzierte.[174] Der Kalte Krieg, welcher spätestens durch den Kriegsausbruch in Korea, eher schon durch die Verhandlungen im Vorfeld begann, vertiefte die Blockbildung zwischen Ost und West und band die deutsche Geschichte über Jahrzehnte hinweg an den Westen. Zudem beeinflusste er durch die genannten Verträge und die wirtschaftliche sowie politische Zusammenarbeit mit der Bundesrepublik die wirtschaftliche Entwicklung der Nachkriegszeit maßgeblich.

Der Koreakrieg machte Mitte des Jahres 1950 also die vorzeitige Realisierung der sich anbahnenden Entwicklung erst möglich[175], indem er half, ein breites Forum der Zustimmung für die Westintegration und die schrittweise Remilitarisierung in der Bevölkerung und bei den Regierungen zu erlangen.

5.2. Auf die wirtschaftliche Entwicklung Westdeutschlands:

Der Ausbruch des Koreakrieges im Juni 1950 hatte nicht nur weitreichenden Einfluss auf die deutsche Wiederbewaffnung, die Westintegration und den Weg in die NATO, sondern im Besonderen auch auf die wirtschaftliche Entwicklung der neugegründeten Bundesrepublik. Der Koreakrieg löste den sogenannten *Koreaboom*[176] aus, welcher maßgeblich für die vorbildlose wirtschaftliche Hochkonjunktur bis zum Ölpreisschock 1973 mitverantwortlich war und die schwierige Zeit der wirtschaftlichen Wiederaufbauphase beendete.

Direkt nach dem Ausbruch des Koreakrieges war von einem positiven Einfluss auf die deutsche Wirtschaft zunächst aber nichts zu spüren. Die deutschen Unternehmen mussten Rohstoffe und andere Produkte importieren, um von dem Aufschwung des Weltmarktes zu profitieren, wodurch das Defizit in der Handelsbilanz drastisch stieg. Im Inneren stieß die wirtschaftliche Entwicklung auf Produktionsengpässe, die eine weitere positive wirtschaftliche Entwicklung fraglich machten.

---

[174] Vgl. *Thomas*, Weg in die NATO, S. 313.
[175] Vgl. *Mai*, Sicherheitspolitik, S. 173.
[176] Vgl. *Lindlar*, Wirtschaftswunder, S. 58.

Zum Jahreswechsel 1950/1951 stagnierte zudem die Stahl- und Eisenproduktion und weiterhin kam es zu Kohleengpässen, was Probleme in der Stromversorgung nach sich zog.[177] Der Kohleengpass war nur vordergründig auf die nicht geringen Besatzungslasten zurückzuführen. Westdeutschland musste beim Zwangsexport von Kohle erhebliche Verluste hinnehmen, da die Kosten des notwendigen Kohleimports die Erträge aus dem Export überstiegen. Außerdem stagnierte die Zuwachsrate der Förderung von Steinkohle des Ruhrbergbaus ab November 1950 auf einem Höchststand von 400.000 Tonnen – die Kapazitätsgrenze war erreicht.[178] Das Risiko eines Rückschlags in der westdeutschen Entwicklung schien groß zu sein. Da die Arbeitslosigkeit unverändert auf einem Höchststand war, stieg auch die Gefahr, in eine innenpolitische Instabilität zu rutschen. Der Ausbruch des Koreakrieges verschärfte zwar zunächst diese Lage, schuf aber laut Abelshauser „gleichzeitig den wirtschaftlichen und politischen Problemdruck, der die Krise überwinden half – nicht ohne nachhaltige Auswirkungen auf die Wirtschaft und die Wirtschaftsordnung der Bundesrepublik."[179]

Während die Nachfrage nach Importen groß war, hielten die Exporte damit nicht Schritt. 1950 stand einem Importvolumen von 11,347 Milliarden DM ein Exportvolumen in Höhe von 8,362 Milliarden DM gegenüber.[180] Es gab also keinen Ausgleich in der Zahlungsbilanz und rund 18% der Einfuhren mussten über den Marshall-Plan abgewickelt werden. In Folge dessen rutschte die Devisenbilanz in die roten Zahlen und die Bundesrepublik musste ihre Quote im Rahmen der Europäischen Zahlungsunion (EZU) in Höhe von 320 Millionen US-Dollar voll ausschöpfen und verschuldete sich darüber hinaus durch einen Sonderkredit in Höhe von 180 Millionen US-Dollar zusätzlich.[181]

Im zweiten Halbjahr 1951 entspannte sich die Zahlungsbilanzkrise jedoch zunehmend, da die zu Beginn der Koreakrise günstig importierten Rohstoffe, Westdeutschland nun als fertige Waren verließen und auf dem Weltmarkt auf eine rasant steigende Nachfrage stießen.[182] Die deutsche Wirtschaft verspürte damit einen Wachstumsschub über die Außenwirtschaft. Mit den günstigen Rohstoffimporten kurz nach dem Kriegsausbruch schuf man die Grundlage für die beispiellose Entwicklung der westdeutschen Exportwirtschaft. Ein sehr wichtiger Aspekt für die Einleitung des wirtschaftlichen Aufschwungs war in der Vergangenheit zugleich eine der größten Bremsen für die wirtschaftliche Entwicklung. Die Bundesrepublik hatte aufgrund von Produktionshöchstgrenzen für die Industrie, welche die Alliierten nach dem Zweiten Weltkrieg festgelegt hatten, als einziger bedeutender westlicher Industriestaat freie Kapazitäten für die alliierte Rüstungsproduktion anzubieten, welche für den Koreakrieg unabdingbar waren. Dementsprechend schnell beschleunigte

---

[177] Vgl. *Abelshauser*, Wirtschaftsgeschichte, S. 156 f.
[178] Vgl. *Abelshauser*, Wirtschaftsgeschichte, S. 158.
[179] *Abelshauser*, Wirtschaftsgeschichte, S. 159.
[180] *Abelshauser*, Wirtschaftsgeschichte, S. 222.
[181] Ebd.
[182] Vgl. *Abelshauser*, Wirtschaftsgeschichte, S. 156.

sich die industrielle Produktion im Jahre 1950. Im November lag der Produktionshöchststand bereits ein Drittel über dem von 1949.[183] Im Zuge dessen stieg die Zahl der Beschäftigten an, was aber zuerst keine Auswirkungen auf die Arbeitslosenquote hatte, da der Strom an Ostflüchtlingen[184] und Kriegsrückkehrern nicht abriss.

Diese freien Produktionskapazitäten spielten vor allem in den Planungen der Amerikaner eine zentrale Rolle. Die Bundesrepublik war nämlich dadurch in der Lage, die für den Krieg wichtigen Stahlerzeugnisse zu produzieren, auf welche die US-Amerikaner angewiesen waren. Beide Seiten profitierten dabei voneinander. Die US-Amerikaner bekamen ihre Forderungen für den Krieg gedeckt und die Deutschen gewannen, da sich die Bundesrepublik wirtschaftlich gut entwickelte und sich ein großer Absatzmarkt für die Erzeugnisse fand. Die Produktionen der Schwerindustrie wurden von den Alliierten 1946 noch auf 5,8 Millionen Tonnen pro Jahr und 1949 auf 11,1 Millionen Tonnen pro Jahr beschränkt[185], woran sich die deutsche Industrie wegen drastischer Strafandrohungen auch hielt. 1950 schließlich, also in dem Jahr des Kriegsausbruchs, wurden die Produktionshöchstgrenzen das erste Mal unter Billigung der Alliierten überschritten.[186] Im August 1951 (die Stahlproduktion war inzwischen auf 13,1 Millionen Tonnen pro Jahr angewachsen[187]), akzeptierten die westlichen Alliierten auch offiziell die Überschreitung der Produktionshöchstgrenzen, unter der Bedingung, dass dadurch die Verteidigungsanstrengungen gefördert wurden. Der Ausbruch des Koreakrieges beendete also schrittweise die Produktionsbeschränkungen der deutschen Schwerindustrie, was auch an den fehlenden Produktionskapazitäten der anderen Länder lag.

Nun konnte die Bundesrepublik unabhängig von exogenen Vorgaben ihre Produktion erhöhen. Der Ausbau der Schwerindustrie, beziehungsweise die Nutzung ihrer vollen Leistungsfähigkeit, hatte wesentlichen Einfluss auf den Aufbau der durch den Krieg zerstörten Infrastruktur und auf die Einbindung zahlreicher Erwerbsloser in die Arbeitswelt. Da die Exporte aus der Stahlindustrie vor allem der durch den Koreakrieg völlig ausgelasteten amerikanischen Kriegsindustrie zugeführt wurden, wurde die wirtschaftliche Zusammenarbeit beider Staaten zusätzlich gestärkt. Die Exporte stiegen im Zuge dessen um 200% an und stützten die westdeutsche Wirtschaft immens.[188] Der Exportanteil stieg von 1950 9% auf 19% im Jahre 1960 und 25% im Jahre 1973[189] an, wobei der Beginn des exportbasierten wirtschaftlichen Aufschwungs eindeutig auf Exporte im Rahmen des

---

[183] Vgl. *Abelshauser*, Wirtschaftsgeschichte, S. 156.
[184] Vgl. Fußnote 103.
[185] *Abelshauser*, Wirtschaftsgeschichte, S. 157.
[186] Ebd.
[187] Ebd.
[188] *Abelshauser, Werner*, Rekonstruktion der Kontinuität. Die Bedeutung der Koreakrise für die westeuropäische Wirtschaft in: *Kleßmann, Christoph; Stöver, Bernd*, Der Koreakrieg. Köln u.a. 2008. S. 123 und *Wehler*, Deutsche Gesellschaftsgeschichte S. 55.
[189] *Wehler*, Deutsche Gesellschaftsgeschichte, S. 55.

Koreakrieg zurückzuführen ist.

Die endgültige wirtschaftliche Rehabilitation schien 1952 geschafft, was vor allem an der - durch die Aufhebung der Produktionshöchstgrenzen - guten Lage der Schwerindustrie, der Rüstungsexpansion und der immensen Ausweitung des Außenhandels lag und der Bundesrepublik ihren ersten Zahlungsbilanzüberschuss verschaffte.[190] Abelshauser schreibt in diesem Zusammenhang auch, dass die Bundesrepublik durch den Koreakrieg endgültig ihre „wirtschaftspolitische Doktrin"[191], nämlich die soziale Marktwirtschaft gefunden habe.

Der Rüstungsmarkt erfuhr in Westeuropa nach dem Ausbruch des Koreakrieges eine Trendwende und hatte eine große Auswirkung auf die Entwicklung der Weltwirtschaft. In der Bundesrepublik wirkte diese Trendwende durch die Exporte für die alliierte Rüstungsindustrie eher indirekt, da eine eigene intensive Rüstungspolitik erst ab Ende der 1950er Jahre betrieben wurde.[192]

Durch die Auswirkungen des Koreakrieges auf die deutsche Wirtschaft gelang dieser ein enormes Wachstum. Lag die Industrieproduktion im ersten Quartal 1950 noch bei 96% des Standes von 1939, so lag sie im vierten Quartal 1954 bei 174%[193]. Die steigende Industrieproduktion führte auch zu einer steigenden Nachfrage nach Konsumgütern und einem merklichen Rückgang der Bedeutung des Schwarzmarktes.[194] Daher kaufte die Bevölkerung mehr Waren ein, was ebenfalls zur Belebung der Wirtschaft führte. Begünstigt wurde dieses auch durch eine Preisstabilität und vor allem durch eine Lohnsteigerung.[195] Gerade in der Metallindustrie konnten die Gewerkschaften ihre Forderungen nach Lohnerhöhungen erstmals durchsetzen. Damit begann sich die Schere im Lohn-Preis-Gefüge, welche durch die Währungsreform entstanden war, langsam wieder zu schließen.

Der Koreakrieg forcierte und beschleunigte zudem die Westintegration der Bundesrepublik. Dieses hatte auch wirtschaftliche Vorteile. Im Jahr 1952 kam es am 23. Juli zum Inkrafttreten der im April 1951 gegründeten Europäischen Gemeinschaft für Kohle und Stahl (EGKS), der sogenannten Montanunion, zwischen Frankreich, Italien, Belgien, den Niederlanden, Luxemburg und der Bundesrepublik. Die EGKS war die erste supranationale Organisation überhaupt und hatte eine Aufhebung der Binnenzölle sowie eine Harmonisierung der Außenzölle zur Folge. Weiterhin beschloss man eine einheitliche Preis-, Kartell- und Handelspolitik.[196] Die Montanunion half der Bundesrepublik ihren Export explizit in diesem wirtschaftlichen Zweig von 1950 8,6% auf 14,4% Exportquote 1955 fast zu verdoppeln.[197]

War die bisherige deutsche Wirtschaft vor allem durch den Binnenmarkt bestimmt, wurde das

---

[190] Vgl. *Abelshauser*, Rekonstruktion der Kontinuität in: *Kleßmann*, Koreakrieg, S. 123.
[191] *Abelshauser*, Wirtschaftsgeschichte, S. 159
[192] Vgl. *Abelshauser*, Rekonstruktion der Kontinuität in: *Kleßmann*, Koreakrieg, S. 117.
[193] *Abelshauser*, Wirtschaftsgeschichte, S. 153.
[194] Vgl. *Lindlar*, Wirtschaftswunder, S. 244.
[195] Vgl. *Abelshauser*, Wirtschaftsgeschichte, S. 153.
[196] Vgl. *Wehler*, Deutsche Gesellschaftsgeschichte, S. 248.
[197] *Abelshauser*, Wirtschaftsgeschichte, S. 217.

Wachstum nun zum ersten Mal seit Kriegsende 1945 durch die Außenwirtschaft bestimmt. Die Bedeutung des Weltmarktes für den deutschen Wirtschaftsaufschwung hebt auch Werner Abelshauser explizit hervor.[198] Die Beschleunigung der Politik zur europäischen Vereinigung ist ebenfalls eine Folge des Koreakrieges. Frankreich verzichtete auf amerikanischen Druck auf ein Drittel ihrer Reparationsforderungen, was der deutschen Wirtschaft enorm entgegen kam. Die Vorteile eines großen gemeinsamen europäischen Marktes lagen auf der Hand, eine Zusammenarbeit nach den langen Kriegen war nicht nur sinnvoll, sondern auch notwendig. Zudem sorgte die sowjetische Bedrohung für eine wirtschaftliche Zusammenarbeit und dadurch eine Stärkung der wirtschaftlichen Leistungsfähigkeit der westeuropäischen Länder.[199] Der wirtschaftliche und politische Erfolg der Montanunion war so groß, dass nach ihrem Vorbild bereits 1957 die Erweiterung zur Europäischen Wirtschaftsgemeinschaft (EWG) durch die Römischen Verträge zustande kam.[200] Die deutsche Industrieproduktion stieg nach der Gründung der EWG von 1958 bis 1962 um 37% an. In den USA hingegen waren es *nur* 28% und in Großbritannien 14%.[201] Diese Ereignisse datieren natürlich einige Jahre nach dem Koreakrieg, nichtsdestotrotz sind genau das die langfristigen Folgen der wirtschaftlichen Zusammenarbeit, welche ohne die Koreakrise und seine Auswirkungen vielleicht gar nicht und wenn überhaupt mit Sicherheit nicht so schnell zu Stande gekommen wären.

Ein gegenteiliger Einfluss auf die Wirtschaft als in der Bundesrepublik war zum Beispiel in Großbritannien zu beobachten, welches in den 1950er Jahren kaum Wirtschaftswachstum zu Stande brachte, was auch mit dem Einfluss des Koreakrieges auf die Rüstungspolitik zu tun hatte. Die USA hatten den Plan, ihre europäischen Verbündeten, welche sie nach dem Zweiten Weltkrieg schließlich auch tatkräftig wirtschaftlich und politisch unterstützt hatten, voll in ihre Rüstungsanstrengungen zu integrieren, um sich weiterhin vor dem großen Feind, der Sowjetunion, abzusichern. In den USA gehörte die Rüstung zu einem festen Bestandteil des eigenen Wirtschaftsprogramms, was dadurch belegbar ist, dass man die Arbeitskraft von dreieinhalb Millionen Menschen für die Verteidigung einsetzte und zudem für die Sicherheit mehr Geld ausgab, als es dem Reingewinn aller Wirtschaftsunternehmen entsprach.[202] In Großbritannien betrugen die Verteidigungsausgaben in den Nachkriegsjahren bis zu zehn Prozent vom Bruttoinlandsprodukt, was für Friedenszeiten eine gewaltige Summe war. Der Ausbruch des Koreakrieges verschärfte diese Politik zusätzlich und ließ das Verteidigungsprogramm weiter wachsen. Erst Ende der 1950er Jahre regten sich Zweifel an den immensen Ausgaben für die Verteidigung für eine Kolonialmacht

---

[198] Vgl. *Abelshauser*, Rekonstruktion der Kontinuität in: *Kleßmann*, Koreakrieg, S. 117.
[199] Vgl. *Wehler*, Deutsche Gesellschaftsgeschichte, S. 247.
[200] Vgl. *Wehler*, Deutsche Gesellschaftsgeschichte, S. 248.
[201] Ebd.
[202] Vgl. *Abelshauser*, Rekonstruktion der Kontinuität in: *Kleßmann*, Koreakrieg, S. 124.

auf dem Rückzug. Die Frage ob die Rüstungsausgaben die wirtschaftliche Leistung einschränkten oder ob die Ursachen für das Ausbleiben eines wirtschaftlichen Booms wie in der Bundesrepublik anders zu suchen seien und die enormen Ausgaben für die Rüstung bei einer solchen Wachstumsschwäche diese nur verschlimmerten, ist bis heute nicht eindeutig geklärt.[203]
Auch die Bundesrepublik musste sich dem amerikanischen Druck bezüglich der Verteidigung Westeuropas beugen. Die Forderungen „nach direkten staatlichen Bewirtschaftungs- und Lenkungsmaßnahmen für die Wirtschaft, nach Preis- und Devisenkontrollen, Prioritätenfestsetzungen und Planungsstäben zugunsten der Verteidigungsanstrengungen der westlichen Welt" machte John McCloy am 6. März 1951 zur Voraussetzung für die „Fortsetzung der Dollarhilfe und die Belieferung der Bundesrepublik mit unentbehrlichen Rohstoffen"[204]. Der Ton wurde nach dem Ausbruch des Krieges merklich rauer. Diese Einbuße an Eigenständigkeit musste in Kauf genommen werden, um nicht von den amerikanischen Unterstützungen abgeschnitten zu werden und einen Rückgang der wirtschaftlichen Prosperität zu riskieren.
In der Bundesrepublik sank ab dem dritten Quartal 1952 die Arbeitslosigkeit durch die Folgen des *Koreabooms*, der Montanunion und Gesetzen wie zum Beispiel dem Investitionshilfegesetz, einem einmaligen Betrag von 1 Mrd. DM mit dem Engpässe in Industrien beseitigt werden sollten [205], sowie einer Steuerentlastung von 3,4 Milliarden DM[206] stetig.
Im Zuge dessen erreichte die Investitionsgüterherstellung in den folgenden Jahren eine Wachstumsrate von 12%.[207] 1953 kam es aufgrund des Volksaufstandes in der DDR zum Höhepunkt der Flüchtlingswelle aus dem Osten. Insgesamt flüchteten in diesem Jahr circa 331.000 Menschen in den Westen,[208] was der Bundesrepublik enorm viele gut ausgebildete Arbeitskräfte brachte. Im Zuge dieses sogenannten *Brain Drains* verlor die DDR unter anderem Akademiker und Ärzte, welche in der Bundesrepublik selbstverständlich mit offenen Armen empfangen wurden.[209] Weiterhin gab es einen großen Strom von Kriegsrückkehrern aus den ehemaligen Ostgebieten, was Hans-Ulrich Wehler als eine „soziale Wachstumskapazität"[210] beschreibt, auf welche Westdeutschland noch jahrelang zurückgreifen konnte. Diese Zuwanderung beziehungsweise Abwanderung von Fachkräften war ein maßgebender Faktor für die unterschiedliche wirtschaftliche Entwicklung in den beiden deutschen Staaten nach deren Gründung. 1955 schließlich, also nur fünf

---

[203] Vgl. *Abelshauser*, Rekonstruktion der Kontinuität in: *Kleßmann*, Koreakrieg, S. 126 f.
[204] *Abelshauser*, Rekonstruktion der Kontinuität in: *Kleßmann*, Koreakrieg, S. 128.
[205] Vgl. *Abelshauser*, Wirtschaftsgeschichte, S. 163.
[206] Vgl. *Wehler*, Deutsche Gesellschaftsgeschichte, S. 54.
[207] Ebd.
[208] http://www.bundesregierung.de/Content/DE/Magazine/MagazinInfrastrukturNeueLaender/016/Medien/s2-grafik-ddr-fluechtlinge-1949-1961.html (zuletzt besucht am 17.02.2014 um 09:34 Uhr)
[209] Vgl. *Wehler*, Deutsche Gesellschaftsgeschichte, S.59.
[210] *Wehler*, Deutsche Gesellschaftsgeschichte, S.59.

Jahre nach dem die Arbeitslosenquote bei 12,2%[211] lag, betrug die Arbeitslosenquote Mitte des Jahres nur noch weniger als 5%[212]. Weitere Indikatoren für das langanhaltende Wachstum waren die Verdoppelung des Realeinkommens pro Kopf bis 1960, zudem erreichte die Wachstumsrate des Bruttosozialprodukts in den Boom-Jahren 1950 bis 1973 im Durchschnitt 6,5% pro Jahr, die Investitionsquote erreichte bis 1960 unvorstellbare 25% des Bruttosozialprodukts und die Arbeitslosigkeit lag ab 1961 bei unter einem Prozent.[213] Es muss aber auch eingestanden werden, dass der wirtschaftliche Boom nach dem Ausbruch des Koreakrieges kein rein deutsches Phänomen war, sondern dass die westdeutsche Wirtschaft insgesamt, wie viele andere Länder auch, von der Prosperität des Weltmarktes profitierte. In der Bundesrepublik wirkte das aber aufgrund der Kriegsniederlage und der Besatzungszeit umso erstaunlicher. Dieser globale wirtschaftliche Boom wurde durch die Forcierung der internationalen Zusammenarbeit durch den Ausbruch des Koreakrieges sicherlich stark begünstigt und zum positiven beeinflusst.

Der wirtschaftliche Aufschwung der Bundesrepublik Deutschland ist in der ersten Hälfte der 1950er Jahre also eindeutig erkennbar. Es handelte sich um einen exportbasierten Aufschwung, der die Hochkonjunktur antrieb[214], was anhand der Wachstumszahlen in der Exportwirtschaft belegt wird. Die Triebfeder für den Export waren die Warenlieferungen an die Alliierten im Zuge des Koreakrieges. Dementsprechend groß ist die Rolle des Krieges, beziehungsweise des daraus resultierenden *Booms*, auf die wirtschaftliche Entwicklung der Bundesrepublik in der Nachkriegszeit einzuschätzen. Weitere Auswirkungen auf die deutsche Wirtschaft lassen sich langfristig durch die im Zuge des Koreakrieges verstärkten internationalen Kooperationen wie der Europäische Wirtschaftsgemeinschaft erkennen.

5.2.1. War das „*Wirtschaftswunder*" ein Wunder?

Die Auswirkungen des Koreakrieges hatten also, wie im vorangegangenen Kapitel beschrieben, einen bedeutenden Einfluss auf die wirtschaftliche Entwicklung der neugegründeten Bundesrepublik. Diese Entwicklung wird in den heutigen Massenmedien und in der Fachliteratur, sowie zum Beispiel auch in *Das mißverstandene Wirtschaftswunder* von Ludger Lindlar und in der Einleitung der *Deutschen Wirtschaftsgeschichte* von Werner Abelshauser[215] als *Wirtschaftswunder* bezeichnet. Dieser Begriff allerdings missachtet die Beteiligung des Koreakrieges und die

---

[211] *Abelshauser*, Wirtschaftsgeschichte, S. 153.
[212] *Abelshauser*, Wirtschaftsgeschichte, S. 300.
[213] *Wehler*, Deutsche Gesellschaftsgeschichte, 54 f.
[214] Vgl. *Wehler*, Deutsche Gesellschaftsgeschichte, S. 55.
[215] Vgl. *Abelshauser*, Wirtschaftsgeschichte, S.12.

unglaubliche Leistung der Menschen in der Bundesrepublik, welche so kurz nach dem Krieg unter enormen Anstrengungen und persönlichen Entbehrungen gemeinsam für ein starkes Land arbeiteten und dieses wieder aufbauten.

Daher kommt man nicht umhin zu fragen, warum sich der Begriff eines *Wunders* so hartnäckig in der Geschichtsschreibung und im Gedächtnis der Menschen hält. Die naheliegende Begründung dafür mag sein, dass das besiegte Deutschland nach dem Zweiten Weltkrieg am Tiefpunkt angelangt war, Bilder von den zerstörten Wohnhäusern und den Trümmerfrauen gingen um die Welt und setzten sich in die Köpfe der Bevölkerung. Der Schock und vor allem die Schuld saßen tief: zwei verlorene Kriege, zwei Inflationsschocks, der Holocaust, die Vertreibung und Flucht von 14 Millionen Deutschen und der Verlust Abermillionen von Kriegstoten. Aufgrund dessen scheint es in der Rückblende ein *Wunder* zu sein, dass es der Bundesrepublik Deutschland innerhalb von zehn Jahren nach Kriegsende möglich war, vollständig in das westliche Militärbündnis NATO integriert zu sein, als souveräner Staat mit einem enormen wirtschaftlichen Wachstum, einem boomenden Export und nahezu Vollbeschäftigung. Ohne Zweifel handelt es sich dabei um eine bemerkenswerte und beispiellose Leistung, auf derer die heutige Prosperität der Bundesrepublik immer noch fußt und die einen prägenden Einfluss auf das neue Identitätsgefühl der Deutschen hatte, jedoch impliziert ein *Wunder* den Gedanken des nicht Erklärbaren. Und dieses nicht erklärbare ist in Bezug auf den wirtschaftlichen *Boom* sehr wohl zu erklären.

So gibt es drei sinnvolle Theorien, die diese wirtschaftliche Entwicklung erklären und auf welche an dieser Stelle in aller Kürze eingegangen wird.

Bei der ersten Theorie handelt es sich um die *Rekonstruktionshypothese,* welche vor allem von Werner Abelshauser vertreten wird. Sie sieht die Begründung des wirtschaftlichen Booms in der Rückkehr zu dem nach dem Zweiten Weltkrieg unterbrochenen Wachstumsweg[216] und der falschen Einschätzung des industriellen Lage Deutschlands nach dem Kriegsende. Abelshauser fügt in seinem Werk ein Zitat der Finanzminister der Länder und Provinzen der britischen Besatzungszone an, die 1945 glaubten, sie stünden vor einem Produktionsapparat, welcher „nahezu auf die Anfangszeiten der Industrialisierung Deutschlands zurückgeworfen [worden] ist"[217]. Generell war die Lage der westdeutschen Wirtschaft nach dem Krieg aber lange nicht so schlecht wie angenommen. Sie hatte an ihrer Substanz kaum Schaden genommen und war nicht unterentwickelt. Das Ausmaß der Bombenschäden auf die Industrie wurde überschätzt, da die flächendeckenden Bombardements der Alliierten vor allem Wohngebiete und das Transportwesen trafen, was der mangelnden Präzision der damaligen Bombenabwürfe geschuldet war. Es war also die Zerstörung des Transportwesens, welche für den Rückgang der industriellen Erzeugung seit Mitte 1944

---

[216] Vgl. *Goschler; Graf,* Europäische Zeitgeschichte, S. 80.
[217] *Abelshauser,* Wirtschaftsgeschichte, S. 69.

verantwortlich war, denn das Brutto-Anlagevermögen der Industrie war 1945 im Vergleich zu 1936 sogar um 20% angestiegen.[218] Weiterhin nahm die Bevölkerung vor allem durch die Kriegsrückkehrer und Ostflüchtlinge in allen Zonen zu, wobei nur in der kleinen französischen Zone ein Bevölkerungsrückgang zu verzeichnen war, sodass eine große Menge an Arbeitskräften zur Verfügung stand.

Die zweite Theorie, die *Strukturbruchthese* begründet das *Wirtschaftswunder* mit einem abrupten Wandel der Wirtschaftsordnung, Wirtschaftspolitik und der wirtschaftlichen Leitideen.[219] Durch die Änderungen des internationalen Umfelds nach dem Zweiten Weltkrieg änderten sich auch die Bedingungen für die Innen- und Außenpolitik der Bundesrepublik.[220] Als neue wirtschaftspolitische Doktrin setzte sich in der Bundesrepublik die Soziale Marktwirtschaft durch, welche das Ziel hatte „auf der Basis der Wettbewerbswirtschaft die freie Initiative mit einem gerade durch die wirtschaftliche Leistung gesicherten sozialen Fortschritt zu verbinden"[221]. Das liberale Zollabkommen des GATT, das Währungssystem von Bretton Woods oder die EWG führten zu einer „Liberalisierung des Weltmarktes bei hoher Stabilität der Wechselkurse und einer geringen Schwankung der Inflationsraten"[222] Dieses System förderte und forderte exportorientierte Ökonomien, sodass die Bundesrepublik Deutschland ihre wirtschaftlichen Anstrengungen auf den Export fokussierte und sich der bundesdeutsche Anteil am Weltexport in der Zeit des wirtschaftlichen Aufschwungs auf 10% verdreifachte.[223]

Die dritte Theorie, die als *Catch Up Theorie* bezeichnet wird, besagt, dass die Länder, die nach dem Zweiten Weltkrieg einen wirtschaftlichen Aufschwung erlebten, also neben der Bundesrepublik Deutschland auch Frankreich, Italien oder Japan, von der am weitesten entwickelten Volkswirtschaft, also den Vereinigten Staaten profitierten.[224] Die wirtschaftliche Lücke zwischen den Vereinigten Staaten und den *Boom-Ländern* konnten die Profiteure mittels Technologieimporten, der finanziellen Hilfe des Marshall-Plans oder, im Falle der Bundesrepublik auch durch Rohstoffimporte, sowie der Rüstungsproduktion für die Vereinigten Staaten im Zuge des Koreakrieges zumindest verkleinern. Lindlar spricht in diesem Zusammenhang von der „Amerikanisierung Westeuropas"[225] und sagt weiter, dass jene Länder, welche nach dem Krieg wirtschaftlich am weitesten hinter den USA zurücklagen, das schnellste Produktivitätswachstum

---

[218] *Abelshauser,* Wirtschaftsgeschichte, S. 69.
[219] Vgl. *Abelshauser,* Wirtschaftsgeschichte, S. 284.
[220] Vgl. *Wehler,* Deutsche Gesellschaftsgeschichte, S. 52.
[221] Müller-Armack, Alfred, Wirtschaftsordnung und Wirtschaftspolitik. Bern 1976, S. 245.
[222] *Wehler,* Deutsche Gesellschaftsgeschichte, S. 52.
[223] Ebd.
[224] Vgl. *Lindlar,* Wirtschaftswunder, S. 85.
[225] *Lindlar,* Wirtschaftswunder, S. 87.

vorweisen konnten.[226] Das *Wirtschaftswunder* sei also „ein einmaliger Wachstumsschub, der mit der Erschöpfung der nachholbedingten Wachstumspotentiale enden musste"[227]
Sicherlich lässt sich die wirtschaftliche Entwicklung nicht alleine mit einer dieser drei Theorien erklären, aber die Kombination der Ansätze zeigt, dass der *Boom* der Nachkriegszeit kein Wunder war, sondern logisch zu erklären ist.

6. Fazit:

In der Rückblende erscheint es verwunderlich, dass der Koreakrieg gegenüber den zwei Weltkriegen, aber auch gegenüber dem Vietnamkrieg oder dem ersten Golfkrieg, der wohl am meisten in Vergessenheit geratene Krieg des 20. Jahrhunderts ist, zumindest was die westliche Sicht betrifft. In den Vereinigten Staaten von Amerika stand er „zwischen dem „guten" Zweiten Weltkrieg und dem „schlechten" Vietnamkrieg"[228] und zudem ließ vor allem der Kalte Krieg mit seiner globalpolitischen Bilanz schnell die Erinnerung an die kriegerische Auseinandersetzung in Korea im Gedächtnis der Menschen verblassen.[229] Dementsprechend war er in der Rückblende, auch wegen des unbefriedigenden Kriegsausgangs, nie wirklich populär und kein Stoff für Spielfilme oder Bestseller. So ist in Deutschland zum Beispiel erst 2006 eine Gesamtdarstellung zum Koreakrieg in deutscher Sprache erschienen.[230] Dabei war der Koreakrieg so ausschlaggebend für die weitere Entwicklung der Welt. Insbesondere in Europa forcierte er die politische Zusammenarbeit der Länder – was heute in der EU mit einer gemeinsamen Währung ihren vorläufigen Höhepunkt findet – und verhalf gerade der Bundesrepublik Deutschland zu einer in dieser Schnelligkeit kaum vorstellbaren Rückgewinnung der eigenen staatlichen Souveränität. Weiterhin war der Koreakrieg als erster Stellvertreterkrieg der Auftakt des Kalten Krieges zwischen der Sowjetunion und den Vereinigten Staaten von Amerika mit ihren westlichen Unterstützern. Zusätzlich ist der aus dem Koreakrieg resultierende *Koreaboom* maßgeblich für den enormen wirtschaftlichen Aufschwung der 1950er und 1960er Jahre auf dem Weltmarkt mitverantwortlich, da er die transnationale wirtschaftliche Zusammenarbeit forcierte.
Die anfänglich getroffene These *„Der Koreakrieg war mehr Katalysator als Vater der deutschen Wiederbewaffnung"*[231] sehe ich als bestätigt an. Begründet ist dieses vor allem in den Denkspielen der Alliierten, welche durch die immer deutlicher werdende Blockbildung zwischen Ost und West

---
[226] Vgl. *Lindlar,* Wirtschaftswunder, S. 85.
[227] *Lindlar,* Wirtschaftswunder, S. 86.
[228] *Steininger, Rolf,* Schlussbetrachtungen in: Bonwetsch, Bernd; Uhl, Matthias (Hrsg.), Korea – ein vergessener Krieg? München 2012. S. 181.
[229] Vgl. *Stöver,* Geschichte des Koreakriegs, S. 193.
[230] Vgl. *Steininger,* Schlussbetrachtungen in: Bonwetsch; Uhl, Korea – ein vergessener Krieg? S. 182.
[231] Vgl. Fußnote 1.

in dem Konflikt um Korea in den Jahren 1945-1950 [232] Pläne für eine Remilitarisierung Westdeutschlands bereits vor dem Ausbruch des Koreakrieges im Juni 1950 für möglich hielten, sie dann aber aufgrund der Gründung der NATO wieder in der Schublade verschwinden ließen. Dadurch ist belegt, dass die Pläne für eine Wiederbewaffnung, gerade auf US-amerikanischer Seite, bereits vor dem Koreakrieg vorlagen. Der Krieg im Fernen Osten war aber ohne Frage und eindeutig der Katalysator, welcher die Wiederbewaffnung und den Weg in die NATO stark beschleunigte und forcierte. Die in Deutschland vorherrschende Angst vor einem sowjetischen Angriff nicht nur auf die Bundesrepublik sondern womöglich auf ganz Westeuropa verlieh der Rüstungsdebatte und der Frage nach der militärischen, politischen und wirtschaftlichen Eingliederung der Bundesrepublik in das westliche Bündnis in der heißen Phase des Koreakrieges bis zu den New Yorker September Konferenzen von 1950 einen enormen Auftrieb. Da gerade die US-Amerikaner, welche in der Entwicklung von Europa in der Zeit nach dem Zweiten Weltkrieg eine mehr als zentrale Rolle spielten, Westdeutschland für ihren Verteidigungsgürtel gegen den Kommunismus benötigten, forcierte der Koreakrieg auch die Integration der Bundesrepublik in westeuropäische Bündnisse und somit über viele Schritte auch in die NATO. Schwer vorstellbar wäre eine so enge europäische Zusammenarbeit (zum Beispiel in der EVG und der WEU) mit dem Aggressor des Zweiten Weltkrieges, welcher soviel Unheil über den Kontinent gebracht hat, ohne den zusammenschweißenden Aspekt der Furcht vor einer sowjetischen Invasion nach dem Vorbild Korea. Man kann annehmen, dass es ohne den Krieg in Korea deutlich länger als zehn Jahre nach dem Ende des Zweiten Weltkrieges gedauert hätte, bis sich die Bundesrepublik Deutschland als souveränen und in der NATO integrierten Staat hätte bezeichnen dürfen, was die These vom Koreakrieg als Katalysator bekräftigt.

Bezugnehmend auf die zweite These dieser Arbeit gestaltet es sich sehr schwierig, vielleicht ist es sogar unmöglich, zu differenzieren, welcher Faktor welchen Anteil am wirtschaftlichen Aufschwung der Bundesrepublik Deutschland in der Nachkriegszeit hatte. Mit der These *„Der Koreakrieg war der wichtigste Auslöser für den enormen wirtschaftlichen Aufschwung bis in die 1970er Jahre hinein"* soll nicht versucht werden, den aus dem Koreakrieg resultierenden *Koreaboom* als alleinigen Indikator des Aufschwungs zu identifizieren.

Werner Abelshauser verweist in der Frage nach der Relevanz des Booms für die Wirtschaft auf zwei Positionen in der Geschichtsschreibung, deren Argumente allerdings teils an einander vorbeilaufen. Peter Temin und Ludger Lindlar stellen heraus, dass ein fortlaufender Anstieg des Exportes und ein Aufschwung in der Außenwirtschaft bereits seit 1948 und eine starke Beschleunigung zwischen Oktober 1949 und Juni 1950 erkennbar seien.[233] Der eigentliche Exportboom setze somit ein Jahr

---

[232] Vgl. dazu Gliederungspunkt 4.
[233] Vgl. *Lindlar,* Wirtschaftswunder, S. 245.

früher ein als der Ausbruch des Koreakrieges. Sie widersprechen Werner Abelshauser in dessen These, „der Krieg in Ostasien hat damit den Lauf der westdeutschen Konstruktion stärker beeinflusst als alle politischen Planspiele"[234]. Obwohl der Fakt des früher einsetzenden Exportaufschwungs anhand von Tabellen belegbar ist, schmälert dies nicht den Einfluss des Kriegsausbruchs auf den Exportboom, welcher nach einer Schwächephase im Juni und Juli 1950, vor allem durch die Exporte in der Rüstungsindustrie und der Montanindustrie so nicht zustande gekommen wäre. Abelshauser selbst stellt die herausragende Bedeutung der Rekonstruktionsperiode auch überhaupt nicht in Frage, sondern beide Parteien sehen die Gewichtung der Ursache anders. Temin und Lindlar messen der Währungsreform und der liberalen Marktöffnung 1948 den größten Anteil am wirtschaftlichen Aufschwung bei und erachten den *Koreaboom* als Nebeneinfluss. Abelshauser und die Unterstützer des Rekonstruktionsansatzes hingegen relativieren zwar die Rolle des Marshall-Plans, der Währungsreform und der Sozialen Marktwirtschaft, ordnen sie aber in den Rahmen des Rekonstruktionswachstums ein, welches durch den *Koreaboom* entscheidend beeinflusst wurde. Als Folgen des *Koreabooms* zu nennen sind hier in aller Kürze nochmals die Aufhebungen der Produktionshöchstgrenzen in der Schwerindustrie, die Zulieferungen an die alliierte Kriegswirtschaft und durch die engere transnationale Zusammenarbeit auch die Fokussierung der Wirtschaft auf den Export. Allerdings trugen auch andere Faktoren als der *Koreaboom* maßgeblich zum wirtschaftlichen Erfolg bei. Anzuführen sind in dem Bereich vor allem die Spätfolgen des Marshall-Plans, die allgemeine Lage der Weltwirtschaft und die zahlreichen Kriegsrückkehrer sowie Flüchtlinge aus der DDR. So ist zum Beispiel eindeutig zu erkennen, dass der wirtschaftliche Aufschwung, welchen die Bundesrepublik Deutschland in der Nachkriegszeit hatte, kein rein deutsches Phänomen war. Durch den *Boom* der globalen Wirtschaft und die immer stärker zunehmende internationale Verflechtung, welche die Verlagerung zu einer exportbasierten Wirtschaft stark begünstigte, kann man von einem internationalen wirtschaftlichen Aufschwung reden, bei welchem die Bundesrepublik allerdings der größte Profiteur zu sein scheint, denn so erreichte kein anderes Land derartige Wachstumszahlen wie Westdeutschland. Im Hinterkopf zu behalten gilt dabei stets, dass die Exporte im Zuge des Koreakrieges die Wandlung Westdeutschlands zu einer Exportnation maßgeblich beeinflussten. Weiterhin profitierte die Bundesrepublik durch die Zuwanderung qualifizierter Fachkräfte aus der DDR und durch die Rückkehr zahlreicher Kriegsrückkehrer von einem Arsenal an größtenteils Teilen gut ausgebildeten Arbeitskräften.

Sicherlich gibt es nicht die eine Erklärung für den wirtschaftlichen Aufschwung in der Bundesrepublik der Nachkriegszeit, aber die Folgen des Koreakrieges auf die Montanindustrie

---

[234] *Abelshauser*, Wirtschaftsgeschichte, S. 243.

durch die Aufhebung der Produktionsbeschränkungen und die wirtschaftliche Einbindung in Europa wiegen meines Erachtens nach schwerer als die Einflüsse des Marshall-Plans oder der Währungsreform.

Gemäß der in dieser Arbeit angeführten Argumentation ist der durch den Koreakrieg ausgelöste *Koreaboom* der wichtigste Einflussfaktor, der die wirtschaftliche Entwicklung begünstigte, sodass ich auch meine zweite These als bestätigt ansehe.

Im Allgemeinen ist daher von einem großen und zentralen Einfluss zu sprechen, welchen der Ausbruch des Krieges in Korea sowohl auf die deutsche Wiederbewaffnung und den Weg in die NATO, genauso aber auch auf die wirtschaftliche Entwicklung Deutschlands hatte.

7. Quellen- und Literaturverzeichnis:

Abelshauser, Werner, Deutsche Wirtschaftsgeschichte (2. überarbeitete und erweiterte Auflage). München 2011.

Abelshauser, Werner, Rekonstruktion der Kontinuität. Die Bedeutung der Koreakrise für die westeuropäische Wirtschaft in: *Kleßmann, Christoph; Stöver, Bernd*, Der Koreakrieg. Köln u.a. 2008. S. 116-132.

Bechtol, Bruce E., Paradigmenwechsel des Kalten Krieges. Der Koreakrieg 1950-1953 in: *Greiner, Bernd; Müller, Christian Th.; Walter, Dierk (Hrsg.)*, Heiße Kriege im Kalten Krieg. Hamburg 2006.

Choi, Hyung-Sik, Zur Frage der Rolle des Korea-Krieges bei der westdeutschen Wiederaufrüstungsdebatte und des Einflusses auf die prinzipielle Entscheidung für die Wiederaufrüstung im Kontext der Aktualisierung des Ost-West-Konfliktes. Düsseldorf 1995.

Erhard, Ludwig, Deutsche Wirtschaftspolitik (Neuausgabe). Düsseldorf 1992.

Goschler, Constantin, Graf, Rüdiger, Europäische Zeitgeschichte seit 1945. Berlin 2010.

Graml, Hermann, Die allgemeinen politischen Rückwirkungen der Korea-Krise auf Europa und die Bundesrepublik in: *Carstens, Karl; Wünsche, Horst Friedrich (Hrsg.),* Die Korea-Krise als ordnungspolitische Herausforderung der deutschen Wirtschaftspolitik. Stuttgart u.a. 1986. S. 33-48.

Hardach, Karl, Wirtschaftsgeschichte Deutschlands im 20. Jahrhundert. Göttingen 1976.

Höfner, Karlheinz, Die Aufrüstung Westdeutschlands. München 1990.

Hohmann, Karl (Hrsg.), Das Soziale in der Sozialen Marktwirtschaft in: Grundtexte zur Sozialen

Marktwirtschaft (Band 2). Stuttgart 1988.

Kim, Dong-Choon, Der Korea-Krieg und die Gesellschaft. Münster 2007.

Kleßmann, Christoph; Stöver, Bernd, Der Koreakrieg. Köln u.a. 2008.

Lindlar, Ludger, Das missverstandene Wirtschaftswunder. Tübingen 1997.

Mai, Gunther, Westliche Sicherheitspolitik im Kalten Krieg. Boppard am Rhein 1977.

Meier-Dörnberg, Wilhelm, Die Europäische Verteidigungsgemeinschaft in: *Fischer, Alexander (Hrsg.),* Wiederbewaffnung in Deutschland nach 1945. Berlin 1986. S. 79-92.

Meyer, Georg, Innenpolitische Voraussetzungen der westdeutschen Wiederbewaffnung in: *Fischer, Alexander (Hrsg.),* Wiederbewaffnung in Deutschland nach 1945. Berlin 1986. S. 31-44.

Müller-Armack, Alfred, Wirtschaftsordnung und Wirtschaftspolitik. Bern 1976.

Schmidt, Manfred G., Das politische System Deutschlands. München 2010.

Schöllgen, Gregor, Geschichte der Weltpolitik von Hitler bis Gorbatschow. München 1996.

Steininger, Rolf, Schlussbetrachtungen in: *Bonwetsch, Bernd; Uhl, Matthias (Hrsg.),* Korea – ein vergessener Krieg? München 2012. S. 177-182.

Stöver, Bernd, Geschichte des Koreakriegs. München 2013.

Thomas, Siegfried, Der Weg in die NATO. Frankfurt am Main 1978.

Thompson, W.R., The emergence of the global political economy. London 2000.

von Beyme, Klaus, Das politische System der Bundesrepublik Deutschland (11., vollständig überarbeitete Auflage). Wiesbaden 2010.

Wehler, Hans-Ulrich, Deutsche Gesellschaftsgeschichte 1949-1990. München 2008.

Zeitschriftenquellen:

Landeszentrale für politische Bildung Baden-Württemberg (Hrsg.), Zeitschrift für die Praxis der politischen Bildung, Politik&Unterricht, Heft 1-2009.

Temin, Peter, The ‚Koreaboom' in West Germany. Fact or Fiction? in: Economic History Review 48 (1995), S. 737 – 753.

Der Spiegel Ausgabe 37/1969.

Internetquellen:

http://www.bundesregierung.de/Content/DE/Magazine/MagazinInfrastrukturNeueLaender/016/Medien/s2-grafik-ddr-fluechtlinge-1949-1961.html

Archivquellen:

Archiv der Gegenwart. Deutschland 1949 bis 1999. November 1949. S. 1222. [http://www.digitale-bibliothek.de/band78.htm]